U0164980

如何理解
中国式现代化的
本质要求

人民日报理论部◎编

人民日报出版社
北 京

图书在版编目（CIP）数据

如何理解中国式现代化的本质要求 / 人民日报理论部编. -- 北京 : 人民日报出版社, 2024.1
ISBN 978-7-5115-8028-3

Ⅰ.①如… Ⅱ.①人… Ⅲ.①现代化建设—研究—中国 Ⅳ.①D61

中国国家版本馆CIP数据核字(2023)第200456号

书　　名：如何理解中国式现代化的本质要求
RUHELIJIE ZHONGGUOSHIXIANDAIHUA DE BENZHIYAOQIOU
作　　者：人民日报理论部

出 版 人：刘华新
策 划 人：欧阳辉
责任编辑：周海燕　孙　祺
装帧设计：元泰书装

出版发行：人民日报出版社
社　　址：北京金台西路2号
邮政编码：100733
发行热线：（010）65369509 65369512 65363531 65363528
邮购热线：（010）65369530 65363527
编辑热线：（010）65369518
网　　址：www.peopledailypress.com
经　　销：新华书店
印　　刷：大厂回族自治县彩虹印刷有限公司
法律顾问：北京科宇律师事务所（010）83622312

开　　本：710mm×1000mm　1/16
字　　数：210千字
印　　张：17.5
版　　次：2024年1月第1版
印　　次：2024年1月第1次印刷

书　　号：ISBN 978-7-5115-8028-3
定　　价：58.00元

深入理解和把握中国式现代化的本质要求

颜晓峰

习近平总书记在党的二十大报告中明确了中国式现代化的本质要求："坚持中国共产党领导，坚持中国特色社会主义，实现高质量发展，发展全过程人民民主，丰富人民精神世界，实现全体人民共同富裕，促进人与自然和谐共生，推动构建人类命运共同体，创造人类文明新形态"。牢牢把握新时代新征程党的使命任务，必须深入理解和把握中国式现代化的本质要求，以中国式现代化全面推进中华民族伟大复兴。

中国式现代化是中国共产党领导的社会主义现代化

习近平总书记在党的二十大报告中强调："中国式现代化，是中国共产党领导的社会主义现代化"。中国式现代化是中国共产党领导、开创、推动的现代化，是坚持和发展中国特色社会主义的现代化。作为中国式现代化本质要求的重要内容，"坚持中国共产党领导，坚持中国特色社会主义”从历史经验和本质规律角度深刻阐明中国式现代化坚持党的领导的要求和社会主义性质，为推进中国式现代化指明了正确方向。

中国共产党是中国式现代化的领导力量。我们党是在领导人民成功开创、坚持和发展中国特色社会主义的过程中探索和推进中国式现代化的，中国式现代化的“中国式”，从根本上讲就是基于中国特色社会主义形成的。在领导和推进中国式现代化进程中，我们党始终坚持中国式现代化的正确方向，坚持人民主体地位，在不同历史时期明确推进中国式现代化的目标、任务、重点，不断深化对中国式现代化的规律性认识，在中华民族伟大复兴历史进程中不断将中国式现代化推向新阶段和新高度。

我们党团结带领中国人民浴血奋战、百折不挠，创造了新民主主义革命的伟大成就；自力更生、发愤图强，创造了社会主义革命和建设的伟大成就；解放思想、锐意进取，创造了改革开放和社会主义现代化建设的伟大成就。特别是党的十八大以来，以习近平同志为核心的党中央团结带领全党全国各族人民，自信自强、守正创新，创造了新时代中国特色社会主义的伟大成就，为实现中华民族伟大复兴提供了更为完善的制度保证、更为坚实的物质基础、更为主动的精神力量。在新中国成立特别是改革开放以来长期探索和实践基础上，经过党的十八大以来在理论和实践上的创新突破，我们党成功推进和拓展了中国式现代化。

中国特色社会主义是社会主义而不是别的什么主义，中国式现代化是中国共产党领导的社会主义现代化而不是别的什么现代化。坚持中国共产党领导，是中国式现代化最鲜明的特征和最突出的优势，是推进中国式现代化必须坚持的最高原则。坚持中国特色社会主义，深刻体现了中国式现代化的基本性质和发展方向。

深刻认识中国式现代化的本质要求和中国特色的内在联系

习近平总书记在党的二十大报告中指出：中国式现代化“既有各国现代化的共同特征，更有基于自己国情的中国特色”。深入理解和把握中国式现代化的本质要求，一个重要方面在于将中国式现代化的本质要求与中国特色结合起来，深刻认识和把握两者之间的辩证统一关系。

从“人口规模巨大的现代化”来认识中国式现代化的本质要求。坚持中国共产党领导，坚持中国特色社会主义，发展全过程人民民主，是中国式现代化的本质要求的重要内容。我国 14 亿多人口整体迈进现代化社会，规模超过现有发达国家人口的总和，艰巨性和复杂性前所未有。推进中国式现代化，必须坚持党的领导，充分发挥党总揽全局、协调各方的领导核心作用。必须坚持中国特色社会主义，充分发挥社会主义集中力量办大事的优势，在统筹兼顾中协调处理好现代化建设各方面各领域的关系。必须发展全过程人民民主，坚持人民主体地位，充分体现人民意志、保障人民权益、激发人民创造活力。

从“全体人民共同富裕的现代化”来认识中国式现代化的本质要

求。共同富裕是中国特色社会主义的本质要求，实现全体人民共同富裕是中国式现代化的本质要求的重要内容。党的十八大以来，以习近平同志为核心的党中央科学把握新发展阶段，把逐步实现全体人民共同富裕摆在更加突出的位置，团结带领全党全国各族人民完成脱贫攻坚、全面建成小康社会的历史任务，实现第一个百年奋斗目标。共同富裕是一个长期的历史过程，要着力维护和促进社会公平正义，着力促进全体人民共同富裕，坚决防止两极分化，不断推动人的全面发展、全体人民共同富裕取得更为明显的实质性进展。

从“物质文明和精神文明相协调的现代化”来认识中国式现代化的本质要求。物质富足、精神富有是社会主义现代化的根本要求。实现高质量发展，丰富人民精神世界，是中国式现代化的本质要求的重要内容。坚持高质量发展，才能不断厚植现代化的物质基础，不断夯实人民幸福生活的物质条件。大力发展社会主义先进文化，加强理想信念教育，传承中华文明，才能不断丰富人民精神世界。只有坚持高质量发展，不断丰富人民精神世界，才能不断促进物的全面丰富和人的全面发展。

从“人与自然和谐共生的现代化”来认识中国式现代化的本质要求。促进人与自然和谐共生是中国式现代化的本质要求之一。尊重自然、顺应自然、保护自然，是全面建设社会主义现代化国家的内在要求。建设人与自然和谐共生的现代化，必须坚持可持续发展，坚持节约优先、保护优先、自然恢复为主的方针，像保护眼睛一样保护自然和生态环境，坚定不移走生产发展、生活富裕、生态良好的文明发展道路，实现中华民族永续发展。

从“走和平发展道路的现代化”来认识中国式现代化的本质要求。推动构建人类命运共同体，是中国式现代化本质要求的重要内容。当前，世界百年未有之大变局加速演进，建设持久和平、共同繁荣的世界是各国人民的共同愿望。必须坚定站在历史正确的一边、站在人类文明进步的一边，高举和平、发展、合作、共赢旗帜，在坚定维护世界和平与发展中谋求自身发展，又以自身发展更好维护世界和平与发展。

世界上既不存在定于一尊的现代化模式，也不存在放之四海而皆准的现代化标准。推进中国式现代化也是创造人类文明新形态的过程。中国式现代化从人类文明发展的高度彰显本质要求和中国特色，彻底打破了现代化就是西方化的迷思，拓展了发展中国家走向现代化的途径，给世界上那些既希望加快发展又希望保持自身独立性的国家和民族提供了全新选择，为人类实现现代化提供了新的选择。

牢牢把握推进中国式现代化的重大原则

习近平总书记在党的二十大报告中强调：“从现在起，中国共产党的中心任务就是团结带领全国各族人民全面建成社会主义现代化强国、实现第二个百年奋斗目标，以中国式现代化全面推进中华民族伟大复兴。”我们党自成立以来，团结带领中国人民所进行的一切奋斗，就是为了把我国建设成为现代化强国，实现中华民族伟大复兴。前进道路上，要深入理解中国式现代化的本质要求，牢牢把握推进中国式现代化的重大原则，为全面推进中华民族伟大复兴提供坚强保障、凝聚强大合力。

坚持和加强党的全面领导，发挥中国式现代化的最大优势。中国共产党领导是中国特色社会主义最本质的特征，是中国特色社会主义制度的最大优势，是党和国家的根本所在、命脉所在，是全国各族人民的利益所系、命运所系。中国式现代化的本质要求，根植于党的全面领导这一最本质特征和最大优势。以中国式现代化全面推进中华民族伟大复兴，必须坚决维护习近平总书记党中央的核心、全党的核心地位，维护以习近平同志为核心的党中央权威和集中统一领导，把党的领导落实到党和国家事业各领域各方面各环节，使党始终成为风雨来袭时全体人民最可靠的主心骨，确保我国社会主义现代化建设正确方向，确保拥有团结奋斗的强大政治凝聚力、发展自信心，集聚起万众一心、共克时艰的磅礴力量。

坚持中国特色社会主义道路，牢牢把握中国式现代化的正确方向。中国特色社会主义道路，是创造人民美好生活、实现中华民族伟大复兴的康庄大道。坚持中国特色社会主义，是中国式现代化同西方现代化的根本区别。以中国式现代化全面推进中华民族伟大复兴，必须坚持以经济建设为中心，坚持四项基本原则，坚持改革开放，坚持独立自主、自力更生，坚持道不变、志不改，既不走封闭僵化的老路，也不走改旗易帜的邪路，坚持把国家和民族发展放在自己力量的基点上，坚持把中国发展进步的命运牢牢掌握在自己手中。

坚持以人民为中心的发展思想，始终明确中国式现代化的出发点和落脚点。实现人民对美好生活的向往，是我国社会主义现代化建设的出发点和落脚点。以中国式现代化全面推进中华民族伟大复兴，必须维护人民根本利益，增进民生福祉，不断实现发展为了人民、发展依靠人民、发展成果由人民共享，让现代化建设成果更多更公平惠及全体人民。

坚持深化改革开放，不断增强中国式现代化的动力。改革开放是党和人民大踏步赶上时代的重要法宝，是决定当代中国命运的关键一招。必须深入推进改革创新，坚定不移扩大开放，着力破解深层次体制机制障碍，不断彰显中国特色社会主义制度优势，不断增强社会主义现代化建设的动力和活力，把我国制度优势更好转化为国家治理效能。

坚持发扬斗争精神，凝聚中国式现代化的强大精神力量。敢于斗争、敢于胜利，是党和人民不可战胜的强大精神力量。当前，我们比历史上任何时期都更接近、更有信心和能力实现中华民族伟大复兴的目标。同时，前进道路上我们面临的风险考验只会越来越复杂，甚至会遇到难以想象的惊涛骇浪。必须不断增强全党全国各族人民的志气、骨气、底气，不信邪、不怕鬼、不怕压，知难而进、迎难而上，统筹发展和安全，全力战胜前进道路上各种困难和挑战，依靠顽强斗争打开事业发展新天地，不断夺取全面建设社会主义现代化国家新胜利。

（《人民日报》2022 年 11 月 22 日第 9 版）

目　录

第一章
坚持中国共产党领导

第二章
坚持中国特色社会主义

第三章

实现高质量发展

第四章

发展全过程人民民主

第五章

丰富人民精神世界

第六章

实现全体人民共同富裕

第七章

促进人与自然和谐共生

第八章

推动构建人类命运共同体

第九章

创造人类文明新形态

第一章

坚持中国共产党领导

中国共产党领导的社会主义现代化

中央党校（国家行政学院）
习近平新时代中国特色社会主义思想研究中心

习近平总书记在党的二十大报告中指出："中国式现代化，是中国共产党领导的社会主义现代化"。这是对中国式现代化定性的话，是管总、管根本的。党的二十大报告从九个方面明确了中国式现代化的本质要求，"坚持中国共产党领导"居于首位，充分表明党的领导直接关系中国式现代化的根本方向、前途命运、最终成败。

党的领导决定中国式现代化的根本性质

"坚持中国共产党领导"在中国式现代化的本质要求中排在首位，"坚持和加强党的全面领导"在中国式现代化必须牢牢把握的重大原则中也是排在首位。推进中国式现代化必须始终坚持党的领导地位，是因为党的性质宗旨、初心使命、信仰信念、政策主张决定了中国式现代化是社会主义现代化，而不是别的什么现代化。

从党的性质宗旨看，对马克思主义政党而言，性质宗旨昭示着党存在的根本目的，代表着其质的规定性以及与其他政党的本质区别。中国共产党是中国工人阶级的先锋队，同时是中国人民和中华民族的先锋队。无论是“全心全意为人民服务”，还是“必须同群众打成一片”，一代代中国共产党人始终与人民同呼吸、共命运、心连心。习近平总书记强调的“坚持人民至上”“坚持以人民为中心的发展思想”，深刻阐明了我们推进和拓展中国式现代化就是要带领人民创造美好生活。从党的初心使命、信仰信念看，我们党始终把为中国人民谋幸福、为中华民族谋复兴作为自己的初心使命，始终坚持对马克思主义的信仰、对社会主义和共产主义的信念。无论是为中国人民谋幸福、为中华民族谋复兴，还是为社会主义和共产主义而奋斗，最终目的都是实现人的全面发展。党的初心使命、信仰信念决定了中国式现代化要始终坚持发展为了人民、发展依靠人民、发展成果由人民共享。从党的政策主张看，我们党正是在倾听人民呼声、了解人民意愿、汇聚人民智慧中形成党的各项政策主张。建设社会主义现代化国家的奋斗目标之所以能够一以贯之坚持、一代一代接力推进，也是因为这一奋斗目标始终代表最广大人民的根本利益、得到最广大人民的衷心拥护。

《共产党宣言》提出：“过去的一切运动都是少数人的，或者为少数人谋利益的运动。无产阶级的运动是绝大多数人的，为绝大多数人谋利益的独立的运动。”“为绝大多数人谋利益”，是社会主义制度与资本主义制度的本质区别，也是中国共产党的性质宗旨、初心使命、信仰信念、政策主张的鲜明价值取向。推进和拓展中国式现代化是一项伟大而艰巨的事业，只有毫不动摇坚持党的领导，才能确保中国式现代化始终沿着社会主义方向稳步前行，谱写出新的绚丽华章。

党的领导确保中国式现代化锚定奋斗目标行稳致远

实现现代化，是近代以来中华民族孜孜以求的梦想。我们党一经诞生，就自觉担负起探索中国现代化道路的重任。我们党坚持把远大理想和阶段性目标统一起来，一旦确定目标，就咬定青山不放松，矢志不渝地接续奋斗、艰苦奋斗、不懈奋斗，有力推动了中国现代化建设的历史进程。

早在新民主主义革命时期，毛泽东同志就指出："中国工人阶级的任务，不但是为着建立新民主主义的国家而斗争，而且是为着中国的工业化和农业近代化而斗争。"新民主主义革命的胜利、新中国的成立，为实现现代化创造了根本社会条件。新中国成立后，我们党明确提出实现"四个现代化"、把我国建设成为社会主义强国的任务和目标。同时，党团结带领人民进行社会主义革命、确立社会主义制度、推进社会主义建设，为现代化建设奠定根本政治前提和宝贵经验、理论准备、物质基础。改革开放和社会主义现代化建设新时期，邓小平同志提出了"中国式的现代化"的小康社会奋斗目标。我们党在这一时期大力推进实践基础上的理论创新、制度创新、文化创新以及其他各方面创新，解放和发展社会生产力，为中国式现代化提供了充满新的活力的体制保证和快速发展的物质条件。

党的十八大以来，我们党在已有基础上继续前进，不断实现理论和实践上的创新突破，成功推进和拓展了中国式现代化。我们在认识上不断深化，创立了习近平新时代中国特色社会主义思想，实现了马克思主义中国化时代化新的飞跃，为中国式现代化提供了根本遵循。我们进一步深化对中国式现代化的内涵和本质的认识，概括形成中国式现代化的中国特色、本质要求和重大原则，初步构建中国式现代化的理论体系，使中国式现代化更加清晰、更加科学、更加可感可行。我们在战略上不断完善，统筹推进"五位一体"总体布局，协调推进"四个全面"战略布局，深入实施科教兴国战略、人才强国战略、乡村振兴战略等一系列重大战略，为中国式现代化提供坚实战略支撑。我们在实践上不断丰富，推进一系列变革性实践、实现一系列突破性进展、取得一系列标志性成果，推动党和国家事业取得历史性成就、发生历史性变革，特别是消除了绝对贫困问题，全面建成小康社会，为中国式现代化提供了更为完善的制度保证、更为坚实的物质基础、更为主动的精神力量。在此基础上，党的二十大更加清晰擘画了到 2035 年我国发展的目标要求，科学描绘了全面建成社会主义现代化强国、全面推进中华民族伟大复兴的宏伟蓝图。

举网以纲，千目皆张。回望走过的路，远眺前行的路，我们深刻感悟到，正是因为有了党的领导，才能确保中国式现代化一直有明确的前进方向、清晰的奋斗目标，真正做到一张蓝图绘到底。

党的领导激发建设中国式现代化的强劲动力

越是伟大的事业，越充满艰难险阻，越需要艰苦奋斗，越需要开拓创新。改革开放以来，党领导人民披荆斩棘、上下求索、奋力开拓、锐意进取，敢为天下先，走出了一条适合中国国情、具有中国特色的中国式现代化道路。

改革开放是决定当代中国命运的关键一招，也是决定中国式现代化成败的关键一招。党的十一届三中全会是划时代的，开启了改革开放和社会主义现代化建设新时期。我们党以伟大历史主动精神不断变革生产关系与生产力、上层建筑与经济基础不相适应的方面，不断推进各领域体制改革，让一切劳动、知识、技术、管理和资本的活力竞相迸发。我国实现了从生产力相对落后的状况到经济总量跃居世界第二的历史性突破，实现了人民生活从温饱不足到总体小康、奔向全面小康的历史性跨越，推进了中华民族从站起来到富起来的伟大飞跃。党的十八届三中全会也是划时代的，实现改革由局部探索、破冰突围到系统集成、全面深化的转变，开创了我国改革开放新局面。新时代十年，以习近平同志为核心的党中央以巨大的政治勇气全面深化改革，打响改革攻坚战，加强改革顶层设计，敢于突进深水区，敢于啃硬骨头，敢于涉险滩，敢于面对新矛盾新挑战，冲破思想观念束缚，突破利益固化藩篱，坚决破除各方面体制机制弊端，各领域基础性制度框架基本建立，许多领域实现历史性变革、系统性重塑、整体性重构，中国特色社会主义制度更加成熟更加定型，国家治理体系和治理能力现代化水平明显提高。

事实证明，改革开放是当代中国发展进步的活力之源，只有进行时，没有完成时。实现新时代新征程的目标任务，要把全面深化改革作为推进中国式现代化的根本动力，把准方向、守正创新、真抓实干，在党的领导下继续谱写改革开放新篇章，为中国式现代化注入不竭动力源泉。

党的领导凝聚建设中国式现代化的磅礴力量

人民是历史的创造者，我们党深刻认识到中国式现代化是亿万人民自己的事业。习近平总书记指出："人民是中国式现代化的主体"。只有在党的领导下，紧紧依靠人民，尊重人民创造精神，汇集全体人民的智慧和力量，才能推动中国式现代化不断向前发展。

中国式现代化的磅礴力量来自亿万人民。我们推进中国式现代化建设，想问题、作决策、办事情都要注重把准人民脉搏、回应人民关切、体现人民愿望、增进人民福祉，努力使党的理论和路线方针政策得到人民群众衷心拥护，让党的正确主张变为群众的自觉行动。要坚持以人民为中心的发展思想，着力保障和改善民生，着力解决人民急难愁盼问题，让中国式现代化建设成果更多更公平地惠及全体人民。要让广大人民以主人翁精神满怀热忱地投入到现代化建设中来，发展全过程人民民主，拓展民主渠道，丰富民主形式，扩大人民有序政治参与，确保人民依法通过各种途径和形式管理国家事务，管理经济和文化事业，管理社会事务。实践证明，团结奋斗是中国人民创造历史伟业的必由之路。我们要在党的坚强领导下，以中国式现代化的美好愿景激励人、鼓舞人、感召人，有效促进政党关系、民族关系、宗教关系、阶层关系、海内外同胞关系和谐，促进海内外中华儿女团结奋斗。

众智谋事必明，众力举事必成。在推进和拓展中国式现代化的新征程上，只要毫不动摇坚持党的领导，凝聚起亿万人民全面建设社会主义现代化国家的磅礴伟力，全面建成社会主义现代化强国的奋斗目标就一定能够如期实现。

（执笔：李庆刚）

（《人民日报》2023 年 6 月 29 日第 9 版）

汇聚磅礴力量　书写新的华章

王韶兴

中国式现代化，是中国共产党领导的社会主义现代化。习近平总书记指出："我们党深刻认识到中国式现代化是亿万人民自己的事业，人民是中国式现代化的主体，必须紧紧依靠人民，尊重人民创造精神，汇集全体人民的智慧和力量，才能推动中国式现代化不断向前发展。"人民是历史的创造者，是我国现代化建设最坚实的依靠、最深厚的力量。只有坚持和加强党的全面领导，才能凝聚建设中国式现代化的磅礴力量，确保拥有团结奋斗的强大政治凝聚力、发展自信心，确保全面建成社会主义现代化强国的第二个百年奋斗目标在接续奋斗中如期实现。

我们党能够凝聚起建设中国式现代化的磅礴力量，是因为始终坚持党的群众路线。群众路线是我们党的生命线和根本工作路线，是我们党永葆青春活力和战斗力的传家宝。我们党牢牢站稳人民立场，围绕全面建成社会主义现代化强国这个宏伟目标，紧扣民心这个最大的政治，把赢得民心民意、汇集民智民力作为推进和拓展中国式现代化的重要着力点。坚持从群众中来、到群众中去，始终与人民心心相印、与人民同甘共苦、与人民团结奋斗，尊重人民首创精神，不断挖掘人民群众中蕴藏的智慧和力量，善于把党的正确主张变为人民群众推进和拓展中国式现代化的自觉行动，进而充分发挥亿万人民推动社会主义现代化建设的创造伟力。新时代以来，我们党坚持问政于民、问需于民、问计于民，努力把人民对美好生活的向往变成现实，使全体人民共同参与现代化建设、共同享有现代化成果，着力维护和促进社会公平正义。

我们党能够凝聚起建设中国式现代化的磅礴力量，是因为始终坚持以人民为中心的发展思想。习近平总书记指出："现代化道路最终能否走得通、行得稳，关键要看是否坚持以人民为中心。"我们党领导人民进行社会主义现代化建设，最终目标是实现人自由而全面的发展。只有坚持以人民为中心，才会有正确的发展观、现代化观。推进和拓展中国式现代化的成效如何，不仅要看纸面上的指标数据，更要看人民幸福安康的实际情况。我们党坚持以人民为中心的发展思想，始终牢记江山就是人民、人民就是江山，坚持把人民对美好生活的向往作为奋斗目标，把人民是否真正得到了实惠、人民生活是否真正得到了改善、人民权益是否真正得到了保障作为检验一切工作成效的根本标准，从而凝聚起建设中国式现代化的磅礴力量。实践充分证明，中国式现代化是全体人民共同富裕的现代化，是防止两极分化、切实推动人的全面发展的现代化。中国式现代化着力保障和改善民生，着力解决人民群众急难愁盼问题，让发展成果更多更公平惠及全体人民，全体人民在中国式现代化进程中的获得感、幸福感、安全感不断增强，因而得到人民群众衷心拥护。

我们党能够凝聚起建设中国式现代化的磅礴力量，还因为坚持和发展全过程人民民主，充分激发全体人民的主人翁精神。人民民主是社会主义的生命，是全面建设社会主义现代化国家的应有之义。党的十八大以来，我们党深化对民主政治发展规律的认识，提出全过程人民民主的重大理念。我国全过程人民民主实现了过程民主和成果民主、程序民主和实质民主、直接民主和间接民主、人民民主和国家意志相统一，是全链条、全方位、全覆盖的民主，是最广泛、最真实、最管用的社会主义民主。新征程上，在党的领导下发展全过程人民民主，不断凝聚建设中国式现代化的磅礴力量，要不断完善人民当家作主制度体系，加强人民当家作主制度保障，进一步拓展民主渠道，丰富民主形式，扩大人民有序政治参与，确保人民依法通过各种途径和形式管理国家事务，管理经济和文化事业，管理社会事务，使国家治理的各个方面和各个环节充分体现人民意志、保障人民权益，从而更加广泛而有效地动员和组织全体人民投入到现代化建设实践中。

习近平总书记指出："中国式现代化，深深植根于中华优秀传统文化，体现科学社会主义的先进本质，借鉴吸收一切人类优秀文明成果，代表人类文明进步的发展方向，展现了不同于西方现代化模式的新图景，是一种全新的人类文明形态。"中国式现代化打破了"现代化＝西方化"的迷思，展现了现代化的另一幅图景，为人类对更好社会制度的探索提供了中国方案，其蕴含的独特世界观、价值观、历史观、文明观、民主观、生态观等及其伟大实践，是对世界现代化理论和实践的重大创新。在党的领导下，以中国式现代化的美好愿景激励人、鼓舞人、感召人，凝聚起建设中国式现代化的磅礴力量，要寻求最大公约数、画出最大同心圆，有效促进政党关系、民族关系、宗教关系、阶层关系、海内外同胞关系和谐，不断巩固和发展各民族大团结、全国人民大团结、全体中华儿女大团结，形成海内外全体中华儿女心往一处想、劲往一处使的生动局面，共同推动中国式现代化进程。

（《人民日报》2023 年 6 月 29 日第 9 版）

确保中国式现代化前景光明、繁荣兴盛

坚持党在中国式现代化建设中的领导地位

李 熠

习近平总书记在党的二十大报告中深刻阐释了中国式现代化的本质要求，其中居于首位的是“坚持中国共产党领导”。习近平总书记强调：“为什么要强调党在中国式现代化建设中的领导地位？这是因为，党的领导直接关系中国式现代化的根本方向、前途命运、最终成败。”历史和现实告诉我们，坚持中国共产党领导，是中国式现代化最鲜明的特征和最突出的优势，是推进中国式现代化必须坚持的最高原则。只有毫不动摇坚持党的领导，中国式现代化才能前景光明、繁荣兴盛；否则就会偏离航向、丧失灵魂，甚至犯颠覆性错误。

党的领导确保中国式现代化在正确的轨道上顺利推进。习近平总书记指出：“我们坚持和发展中国特色社会主义，推动物质文明、政治文明、精神文明、社会文明、生态文明协调发展，创造了中国式现代化新道路，创造了人类文明新形态。”我们党始终高举中国特色社会主义伟大旗帜，既坚持科学社会主义基本原则，又不断赋予其鲜明的

中国特色和时代内涵，坚定不移走中国特色社会主义道路。中国特色社会主义道路，是实现我国社会主义现代化的必由之路，是创造人民美好生活的必由之路。中国式现代化，正是我们党在坚定不移走中国特色社会主义道路中创造的。历史和现实充分证明，中国特色社会主义道路走得通、走得对、走得好，是一条既符合中国国情又适合时代发展要求并取得巨大成功的唯一正确道路。只有这条道路而没有别的道路，能够引领中国进步、增进人民福祉、实现民族复兴。新征程上，确保中国式现代化在正确的轨道上顺利推进，必须在党的坚强领导下，坚定不移走中国特色社会主义道路。

党的领导为中国式现代化提供科学指引。习近平总书记指出："对于我们这样一个世界上最大的马克思主义执政党来说，理论强，才能方向明、人心齐、底气足。"回顾党的百年奋斗历程，我们党之所以能够不断历经艰难困苦创造新的辉煌，很重要的一条就是我们党始终重视思想建党、理论强党，坚持用科学理论武装广大党员、干部的头脑，使全党始终保持统一的思想、坚定的意志、强大的战斗力。党的十八大以来，以习近平同志为主要代表的中国共产党人，坚持把马克思主义基本原理同中国具体实际相结合、同中华优秀传统文化相结合，创立了习近平新时代中国特色社会主义思想，实现了马克思主义中国化时代化新的飞跃，为中国式现代化提供了根本遵循。习近平总书记关于中国式现代化的重要论述，深刻阐明了中国式现代化这个重大理论和实践问题，既部署"过河"的任务，又指导解决"桥"和"船"的问题，为我们党推进和拓展中国式现代化提供了科学指引。新征程上，我们要学懂弄通做实习近平新时代中国特色社会主义思想，把握好这一重要思想的世界观和方法论，坚持好、运用好贯穿其中的立场观点方法，把这一重要思想贯彻落实到中国式现代化建设全过程。要深入学习领会习近平总书记关于中国式现代化的重要论述，做到知其言更知其义、知其然更知其所以然，为以中国式现代化全面推进中华民族伟大复兴提供科学理论指引。

党的领导为中国式现代化稳步前行提供坚强制度保证。习近平总书记指出："中国特色社会主义制度是当代中国发展进步的根本制度保障，是具有鲜明中国特色、明显制度优势、强大自我完善能力的先进制度。"中国特色社会主义制度是党和人民在长期实践探索中形成的科学制度体系，我国国家治理一切工作和活动都依照中国特色社会主义制度展开。长期以来，我们党团结带领人民探索和完善中国特色社会主义制度，着力固根基、扬优势、补短板、强弱项，有力保障中国式现代化建设顺利推进。中国特色社会主义制度是一个严密完整的科学制度体系，起四梁八柱作用的是根本制度、基本制度、重要制度，其中具有统领地位的是党的领导制度。可以说，能否科学运用中国特色社会主义制度，确保中国式现代化的正确方向，根本在于能否充分发挥好党总揽全局、协调各方的领导核心作用。新征程上，面对国际形势的深刻复杂变化和接踵而至的外部风险挑战，只有坚持和加强党对中国式现代化的全面领导，坚持和加强党的领导制度在中国特色社会主义制度体系中的统领地位，才能让中国式现代化锚定目标、行稳致远。要不断完善党的领导制度体系，健全维护党中央权威和集中统一领导的各项制度，健全提高党的执政能力和领导水平制度，依靠制度确保党在中国式现代化事业中的核心领导地位，为推进中国式现代化提供根本保证。

党的领导为中国式现代化提供强大精神力量。习近平总书记指出："作为现代化事业的引领和推动力量，政党的价值理念、领导水平、治理能力、精神风貌、意志品质直接关系国家现代化的前途命运。"中国共产党人一贯重视精神力量对于实践发展的推动作用，重视运用精神力量引领前进方向、凝聚奋斗力量、推动事业发展。党的十八大以来，我们遭遇的风险挑战风高浪急，有时甚至是惊涛骇浪，其复杂性严峻性前所未有。在以习近平同志为核心的党中央坚强领导下，我们没有在困难面前低头，没有在挑战面前退缩，坚定信心、迎难而上，凭着那么一股子气、那么一股子劲，经受住了来自政治、经济、意识形态、自然界等方面的风险挑战考验，党和国家事业取得历史性成就、发生历史性变革。今天，我国发展进入战略机遇和风险挑战并存、不确定难预料因素增多的时期。新征程上，我们要大力弘扬以伟大建党精神为源头的中国共产党人精神谱系，大力激发全民族文化创新创造活力，不断培育和创造新时代中国特色社会主义文化，在新起点上继续推动文化繁荣，建设文化强国，建设中华民族现代文明，更好地把全体人民的思想行动统一起来，把团结奋进、一往无前的斗志激发出来，为推进强国建设、民族复兴的历史伟业汇聚强大精神力量。

（《人民日报》2023 年 6 月 29 日第 9 版）

链接阅读

全面建设社会主义现代化国家关键在党

王炳林　刘　奎

党的二十大是在全党全国各族人民迈上全面建设社会主义现代化国家新征程、向第二个百年奋斗目标进军的关键时刻召开的一次十分重要的大会。习近平总书记在党的二十大报告中指出，全面建设社会主义现代化国家、全面推进中华民族伟大复兴，关键在党。中国共产党是领导我们事业的核心力量。新时代新征程，全面建设社会主义现代化国家，实现第二个百年奋斗目标，必须深刻认识中国式现代化是中国共产党领导的社会主义现代化，始终坚持和加强党的全面领导。

中国共产党领导中国人民成功走出中国式现代化道路

习近平总书记指出："中国式现代化，是中国共产党领导的社会主义现代化"。习近平总书记的重要论述深刻阐明了中国共产党与中国式现代化之间的关系。正是在中国共产党的坚强领导下，我们成功走出中国式现代化道路，正意气风发踏上全面建设社会主义现代化国家新征程。

新民主主义革命时期，我们党团结带领中国人民推翻帝国主义、封建主义、官僚资本主义三座大山，建立了人民当家作主的中华人民共和国，实现了民族独立、人民解放，为走出中国式现代化道路创造了根本社会条件。

社会主义革命和建设时期，我们党团结带领中国人民进行社会主义革命，确立社会主义基本制度，推进社会主义建设，对我国现代化建设进行了艰辛探索。我们党领导人民在旧中国一穷二白的基础上建立起独立的比较完整的工业体系和国民经济体系，我国社会主义建设事业、中国式现代化实践迈出了坚实步伐。

改革开放和社会主义现代化建设新时期，我们党团结带领中国人民坚定不移推进改革开放，开创、坚持、捍卫、发展中国特色社会主义，确立社会主义市场经济体制，极大地解放和发展了社会生产力。这期间，党的十三大提出从解决温饱到实现小康、再到基本实现现代化的“三步走”战略构想，党的十五大提出以2010年、建党一百年和新中国成立一百年为时间节点的“新三步走”发展战略和“两个一百年”奋斗目标，中国式现代化的战略步骤日益明确、战略路径日益清晰、战略规划日益完备。

从党的十八大开始，中国特色社会主义进入新时代。习近平总书记围绕“建设什么样的社会主义现代化强国、怎样建设社会主义现代化强国”这一重大时代课题，提出一系列原创性的治国理政新理念新思想新战略。习近平总书记深刻阐明了我国现代化建设必须坚持的方向，明确指出中国式现代化“是人口规模巨大的现代化，是全体人民共同富裕的现代化，是物质文明和精神文明相协调的现代化，是人与自然和谐共生的现代化，是走和平发展道路的现代化”。习近平总书记在党的二十大报告中强调中国式现代化的本质要求是：坚持中国共产党领导，坚持中国特色社会主义，实现高质量发展，发展全过程人民民主，丰富人民精神世界，实现全体人民共同富裕，促进人与自然和谐共生，推动构建人类命运共同体，创造人类文明新形态。10年来，在以习近平同志为核心的党中央坚强领导下，在习近平新时代中国特色社会主义思想科学指引下，党和国家事业取得历史性成就、发生历史性变革，我们党成功推进和拓展了中国式现代化。

中国共产党领导是全面建设社会主义现代化国家的根本保证

习近平总书记指出，中国共产党领导“是党和国家的根本所在、命脉所在，是全国各族人民的利益所系、命运所系”。纵观中国共产党团结带领中国人民推进现代化建设的历程可以发现，正是因为坚持和加强党的全面领导，我国才能仅用几十年时间就走完发达国家几百年走过的工业化历程，创造了经济快速发展和社会长期稳定两大奇迹，才能如期全面建成小康社会、实现第一个百年奋斗目标，顺利开启全面建设社会主义现代化国家、实现第二个百年奋斗目标新征程。

确保中国式现代化始终沿着正确方向前进。方向决定道路，道路决定命运。坚持和加强党的全面领导，全面建设社会主义现代化国家就有了正确方向。习近平总书记指出："中国共产党是执政党，党的领导是做好党和国家各项工作的根本保证，是我国政治稳定、经济发展、民族团结、社会稳定的根本点，绝对不能有丝毫动摇。"只有始终坚持党的领导，才能确保中国式现代化体现社会主义的本质要求。在全面建设社会主义现代化国家新征程上，我们要自觉坚持和加强党的全面领导，坚持党中央集中统一领导，深刻领悟"两个确立"的决定性意义，进一步增强"四个意识"、坚定"四个自信"、做到"两个维护"，确保中国式现代化始终沿着正确方向前进。

确保中国式现代化始终坚持以人民为中心。为中国人民谋幸福，是中国共产党人的初心；人民对美好生活的向往，是我们党的奋斗目标。习近平总书记指出："我国现代化坚持以人民为中心的发展思想"。中国共产党始终代表最广大人民根本利益，与人民休戚与共、生死相依。共产党打江山、守江山，守的是人民的心，为的是让人民过上好日子。党的十八大以来，以习近平同志为核心的党中央，把以人民为中心的发展思想落实到社会主义现代化建设的具体行动中，让推进和拓展中国式现代化的历史进程，成为不断满足人民对美好生活向往的过程。

确保中国式现代化能够汇聚起磅礴力量。中国共产党是全心全意为人民服务的马克思主义政党，始终为最广大人民的根本利益而奋斗。习近平总书记指出："我们党的百年历史，就是一部践行党的初心使命的历史，就是一部党与人民心连心、同呼吸、共命运的历史。”正是因为党与人民心连心、同呼吸、共命运，所以能够得到广大人民群众衷心拥护和支持，汇聚起全面建设社会主义现代化国家的磅礴力量。坚持和加强党的全面领导，发挥党的政治领导力、思想引领力、群众组织力、社会号召力，就一定能把全面建设社会主义现代化国家的蓝图一步步变为现实。

充分发挥全面从严治党的政治引领和政治保障作用

坚持党的领导，必须不断改善党的领导，让党的领导更加适应实践、时代、人民的要求。这就要求在全面建设社会主义现代化国家新征程上，充分发挥全面从严治党的政治引领和政治保障作用。习近平总书记强调，全党必须牢记，全面从严治党永远在路上，党的自我革命永远在路上。全面建设社会主义现代化国家，关键在党，关键在坚持党要管党、全面从严治党。

中国共产党在治国理政实践中探索出以党的自我革命引领社会革命的正确路径，团结带领中国人民成功走出中国式现代化道路。全面建设社会主义现代化国家，必须持之以恒推进全面从严治党，深入推进新时代党的建设新的伟大工程，以党的自我革命引领社会革命。必须坚持以党的政治建设为统领，把坚定拥护“两个确立”、坚决做到“两个维护”作为最高政治原则和根本政治责任，贯彻落实到全面建设社会主义现代化国家的各项实际工作中；把坚定理想信念作为党的思想建设的首要任务，坚持不懈用习近平新时代中国特色社会主义思想凝心铸魂，把握好其世界观和方法论，坚持好、运用好贯穿其中的立场观点方法；加强党的组织建设，增强党组织政治功能和组织功能，建设堪当民族复兴重任的高素质干部队伍；坚持作风建设永远在路上，密切党同人民群众的血肉联系；把加强纪律建设作为全面从严治党的治本之策，把守纪律讲规矩摆在更加重要的位置；把制度建设贯穿于党的各项建设之中，完善党的自我革命制度规范体系；坚持不敢腐、不能腐、不想腐一体推进，坚决打赢反腐败斗争攻坚战持久战，为全面建设社会主义现代化国家营造风清气正的政治生态。

（《人民日报》2022 年 10 月 18 日第 17 版）

把党的领导贯穿基层治理全过程各方面

高世琦

基层治理是国家治理的基石，党的领导是加强基层治理体系和治理能力现代化建设的根本保证。习近平总书记在党的二十大报告中强调："坚持大抓基层的鲜明导向""推进以党建引领基层治理""把基层党组织建设成为有效实现党的领导的坚强战斗堡垒""拓宽基层各类群体有序参与基层治理渠道"。党的十八大以来，习近平总书记高度重视基层治理，围绕加强基层党组织领导基层治理、推进以党建引领基层治理等发表一系列重要论述、作出一系列重要部署，为把党的领导贯穿基层治理全过程、各方面提供了根本遵循。新时代新征程，我们要深入学习领会习近平总书记关于基层治理重要指示批示精神，坚持和加强党的全面领导，充分发挥党建在基层治理中的引领作用，着力推进基层治理体系和治理能力现代化。

深入学习领会习近平总书记关于基层治理重要指示批示精神

习近平总书记围绕加强基层治理体系和治理能力现代化建设发表的重要论述、作出的重要部署，为加强党对基层治理的全面领导，构建党的领导、人民当家作主和依法治理有机统一的基层治理体制机制，巩固和发扬中国特色社会主义基层治理制度优势提供了根本遵循和行动指南。

“加强基层组织建设”“完善社会治理体系”，是党的二十大提出的重要任务。加强基层治理体系和治理能力现代化建设，必须把加强党的领导和加强党的建设摆在首位。围绕加强基层基础工作，习近平总书记强调：“基础不牢，地动山摇”“只有把基层党组织建设强、把基层政权巩固好，中国特色社会主义的根基才能稳固。‘十四五’时期，要在加强基层基础工作、提高基层治理能力上下更大功夫”。围绕加强基层党的建设、巩固党的执政基础，习近平总书记强调：“要把加强基层党的建设、巩固党的执政基础作为贯穿社会治理和基层建设的一条红线”“要加强党的领导，推动党组织向最基层延伸，健全基层党组织工作体系，为城乡社区治理提供坚强保证”。围绕构建城乡基层治理格局，习近平总书记强调：“要夯实社会治理基层基础，推动社会治理重心下移，构建党组织领导的共建共治共享的城乡基层治理格局。”围绕加强和创新社会治理，习近平总书记强调：“要加强和创新基层社会治理，坚持和完善新时代‘枫桥经验’，加强城乡社区建设，强化网格化管理和服务，完善社会矛盾纠纷多元预防调处化解综合机制，切实把矛盾化解在基层，维护好社会稳定。”

习近平总书记的重要指示批示精神，深刻指明了加强基层治理体系和治理能力现代化建设的地位作用、方法路径、实践要求。我们要认真学习好、贯彻落实好，深刻领悟“两个确立”的决定性意义，不断增强“四个意识”、坚定“四个自信”、做到“两个维护”，牢记“国之大者”，始终坚持党的全面领导、抓好党的建设，引领基层治理的各项任务落实落地，为推进基层治理体系和治理能力现代化提供坚强保证。

坚持和发挥党的全面领导优势

中国特色社会主义最本质的特征是中国共产党领导，中国特色社会主义制度的最大优势是中国共产党领导，中国共产党是最高政治领导力量。习近平总书记强调：“要加强社区基层党组织建设，加强和改进社区工作，推动更多资源向社区倾斜，让老百姓体会到我们党是全心全意为人民服务的，党始终在人民群众身边。”推进以党建引领基层治理，要完善党总揽全局、协调各方的领导制度体系，把党的领导贯穿基层治理全过程、各方面，推动基层党建与基层治理深度融合，发挥党的政治领导力、思想引领力、群众组织力、社会号召力，发挥党的政治优势、组织优势、密切联系群众优势，提升党对基层治理的组织领导能力。

要坚持把政治标准放在首位，把提高治理能力作为新时代干部队伍建设的重大任务，通过加强思想淬炼、政治历练、实践锻炼、专业训练，推动广大干部把热情投入在基层、把汗水挥洒在基层、把价值体现在基层。加强党的组织建设，增强党组织政治功能和组织功能，发挥政治引领作用，建立健全强化基层党组织政治领导的制度机制，引领基层党员干部增强党的意识、党员意识。打破地域、行政区划限制，不断强化党员干部的模范作用，扩大党在基层各类组织的覆盖面和渗透力，不断把党的领导和中国特色社会主义制度优势转化为社会治理效能，把基层党组织建设成为宣传党的主张、贯彻党的决定、领导基层治理、团结动员群众、推动改革发展的坚强战斗堡垒。

坚持以人民为中心的发展思想

坚持以人民为中心的发展思想，是做好基层治理各项工作的基本要求。把党的领导贯穿基层治理全过程、各方面，就要坚持把实现好、维护好、发展好最广大人民根本利益作为发展的出发点和落脚点，尽力而为、量力而行，健全基本公共服务体系，完善共建共治共享的社会治理制度，扎实推进共同富裕，不断增强人民群众获得感、幸福感、安全感。在基层治理领域，共建的力量、共治的智慧都来自人民群众，社会治理的最终目的是为了让人民群众共享社会治理的成果。当前，我国社会主要矛盾已经发生转化，人民美好生活需要日益广泛，不仅对物质文化生活提出了更高要求，而且在民主、法治、公平、正义、安全、环境等方面的要求日益增长。实现人民对美好生活的向往，必须不断加强基层治理体系和治理能力现代化建设。

要坚持全心全意为人民服务的根本宗旨，树牢群众观点，贯彻群众路线，尊重人民首创精神，带领群众艰苦奋斗、勤劳致富，在就业、教育、医疗、托育、养老、住房等方面不断取得实实在在的成果。做到心中有群众，时刻把群众安危冷暖放在心上，切实解决群众急难愁盼问题，让群众在产业发展和民生改善中感受到基层治理的实惠。拓宽基层各类群体有序参与基层治理渠道，保障人民依法管理基层公共事务和公益事业。逐步形成完善的便民服务体系，提供更多群众喜闻乐见的活动和服务，提高群众参与基层治理的积极性和获得感。各级基层党组织和广大党员干部要坚持贯彻党的群众路线，问计于民、问需于民，经常深入基层倾听民声、了解民情、反映民意。

运用现代信息技术加强和创新社会治理

习近平总书记在党的二十大报告中对“完善社会治理体系”作出重要部署，强调要“完善网格化管理、精细化服务、信息化支撑的基层治理平台”。强化信息化支撑，是加强和创新社会治理的重要举措。习近平总书记强调：“要运用大数据提升国家治理现代化水平。要建立健全大数据辅助科学决策和社会治理的机制，推进政府管理和社会治理模式创新”“加强信息化建设，提高应急反应能力和管理服务水平，夯实城市治理基层基础”。推进以党建引领基层治理，要强化互联网思维、用信息化手段更好感知社会态势、畅通沟通渠道、辅助决策施政。

先进技术手段与基层治理深度融合，为加强基层党组织领导基层治理提供了便捷高效的平台和渠道。作为数字中国建设的重点工作，我国以数字化助推城乡发展和治理模式创新，全面提高治理效率和城市宜居度；以信息化建设为支撑，对城市监测预警、应急指挥、智能决策、事件管理、协同联动等实现综合服务。当前，各地运用数字技术加强和创新社会治理的探索蓬勃兴起，有效实现了社会治理理念和社会治理模式的更新。

推进以党建引领基层治理，要利用信息技术的扁平化、交互式、快捷性优势，推进政府决策科学化、社会治理精准化、公共服务高效化。要牢固树立“一体化”意识和“一盘棋”思想，通过信息化手段，打破行政壁垒。运用大数据技术提升基层治理水平，在确保个人信息安全的前提下，让数据多跑路、让群众少跑腿，提升智慧决策、智慧治理、智慧服务的水平。充分运用先进技术手段科学整理、分析、汇总各方面的真知灼见，为决策提供重要依据，让人民群众的合理意见和诉求得到尊重、落到实处。

健全共建共治共享的社会治理制度

习近平总书记在党的二十大报告中对“健全共建共治共享的社会治理制度，提升社会治理效能”“建设人人有责、人人尽责、人人享有的社会治理共同体”作出重要部署。共建共治共享的社会治理制度，是我们党经过长期探索形成的，是被实践证明符合我国国情、符合人民意愿、符合社会治理规律的科学制度。新时代以来，我国各地在党建引领基层治理、健全共建共治共享的社会治理制度方面开展了许多卓有成效的探索。

把共建共治共享的社会治理制度坚持好、完善好，首先要强化“党建引领”理念，健全总揽全局、协调各方的党的领导制度体系，创新基层党建与基层治理深度融合的体制机制，激活社会治理体系的基层细胞。其次要强化“全周期管理”意识，构建权责清晰、系统有序、协同配合、运转高效的治理机制，完善事前事中事后全程治理机制，不断提升对各类风险预警防范、源头化解的能力。再次要把更多资源、管理和服务下沉到基层，完善组织动员、快速响应、激励保障等机制，不断提升基层干部群众应对突发事件的能力。此外，还要推进多层次多领域依法治理，提升社会治理法治化水平，以完备的政策法律体系作为加强和创新社会治理的制度支撑，更好地保障人民群众有序参与基层治理。

（《人民日报》2023 年 7 月 3 日第 9 版）

第二章

坚持中国特色社会主义

中国特色社会主义是实现中华民族伟大复兴的必由之路

王玉强

习近平总书记在党的二十大报告中着眼新时代新征程中国共产党的使命任务，对中国式现代化的本质要求作出科学概括，“坚持中国特色社会主义”是其中一个重要方面。中国式现代化的“中国式”，从根本上说是基于中国特色社会主义而形成的。中国特色社会主义体现了中国式现代化的质的规定性，是中国式现代化同西方现代化的根本区别，规定了中国式现代化的性质和方向。

中国特色社会主义体现中国式现代化的质的规定性

习近平总书记指出：“中国特色社会主义道路，是实现我国社会主义现代化的必由之路，是创造人民美好生活的必由之路。”中国式现代化是有性质、有方向、有原则、有立场的。我们党始终高举中国特色社会主义伟大旗帜，既坚持科学社会主义基本原则，又不断赋予其鲜明的中国特色和时代内涵，确保中国式现代化在正确的轨道上顺利推进。

中国式现代化坚持中国共产党领导这一中国特色社会主义最本质的特征。习近平总书记指出：“中国共产党领导是中国特色社会主义最本质的特征，是中国特色社会主义制度的最大优势。”中国共产党是中国特色社会主义事业的领导核心，党的领导是全面建设社会主义现代化国家的根本保证，直接关系中国式现代化的根本方向、前途命运、最终成败。在党的坚强领导下，我国仅用几十年时间就走完发达国家几百年走过的工业化历程，创造了经济快速发展和社会长期稳定两大奇迹，如期全面建成小康社会、实现第一个百年奋斗目标，顺利开启全面建设社会主义现代化国家、实现第二个百年奋斗目标新征程。“治国犹如栽树，本根不摇则枝叶茂荣。”只有毫不动摇坚持党的全面领导，守好中国式现代化的本和源、根和魂，才能确保中国式现代化始终沿着正确方向前进，锚定奋斗目标行稳致远。

中国式现代化坚持共同富裕这一中国特色社会主义的本质要求。中国式现代化是全体人民共同富裕的现代化。习近平总书记指出：“共同富裕是中国特色社会主义的本质要求”。推进和拓展中国式现代化，也是持续推进共同富裕、不断增强人民群众获得感幸福感安全感的过程。中国式现代化是以人民为中心、防止两极分化的现代化，而不是以资本为中心、缺少公平正义的现代化。我们党把促进全体人民共同富裕摆在更加重要的位置，坚持走共同富裕道路，把实现人民对美好生活的向往作为现代化建设的出发点和落脚点，在做大“蛋糕”的同时分好“蛋糕”，着力维护和促进社会公平正义。同时，深入把握实现共同富裕的长期性，对分阶段推进共同富裕作出战略部署，着力促进全体人民共同富裕，坚决防止两极分化，让发展成果更多更公平惠及全体人民。

中国式现代化体现科学社会主义的先进本质。习近平总书记指出：“中国特色社会主义是社会主义而不是其他什么主义，科学社会主义基本原则不能丢，丢了就不是社会主义。”作为科学社会主义的最新重大成果，中国式现代化既蕴含科学社会主义的真理基因，又厚植中华优秀传统文化的民族基因；既承载近代以来中国人民孜孜以求的民族复兴伟大梦想，又贯穿共产党人一以贯之的共产主义远大理想，是科学社会主义理论逻辑和中国社会发展历史逻辑的辩证统一。在党的领导下，立足基本国情，以经济建设为中心，坚持四项基本原则，坚持改革开放，解放和发展社会生产力，建设社会主义市场经济、社会主义民主政治、社会主义先进文化、社会主义和谐社会、社会主义生态文明，促进人的全面发展，逐步实现全体人民共同富裕等等，这些都是在新的历史条件下体现科学社会主义基本原则的内容，使科学社会主义在21世纪的中国焕发出新的蓬勃生机。

中国特色社会主义道路、理论、制度、文化
使中国式现代化具有独特优势

实现现代化首先有一个走什么路、选择什么样的制度模式和价值

体系的问题。习近平总书记指出："我们坚持和发展中国特色社会主义，推动物质文明、政治文明、精神文明、社会文明、生态文明协调发展，创造了中国式现代化新道路，创造了人类文明新形态。"实践证明，中国特色社会主义是实现中华民族伟大复兴的必由之路，是成功推进和拓展中国式现代化的康庄大道。中国特色社会主义道路、理论、制度、文化，统一于中国特色社会主义伟大实践，使中国式现代化具有独特优势。

中国特色社会主义道路是实现社会主义现代化的必由之路。道路决定命运，道路问题是事关党和人民事业兴衰成败的首要问题。习近平总书记指出："现代化道路并没有固定模式，适合自己的才是最好的，不能削足适履。"我们党和人民在长期实践探索中，坚持独立自主走自己的路，开辟了中国特色社会主义道路。这一道路，既坚持以经济建设为中心，又全面推进经济、政治、文化、社会、生态文明建设以及其他各方面建设；既坚持四项基本原则，又坚持改革开放；既不断解放和发展生产力，又逐步实现全体人民共同富裕、促进人的全面发展。实践证明，中国特色社会主义道路是实现社会主义现代化、创造人民美好生活的必由之路。只有这条道路而没有别的道路，能够引领中国进步、增进人民福祉、实现民族复兴。

中国特色社会主义理论体系为中国式现代化提供行动指南。在深入推进改革开放和社会主义现代化建设过程中，我们党从新的实践和时代特征出发坚持和发展马克思主义，不断推进马克思主义中国化时代化。习近平总书记指出："中国共产党为什么能，中国特色社会主义为什么好，归根到底是马克思主义行，是中国化时代化的马克思主义行。”我们党创立了习近平新时代中国特色社会主义思想，进一步深化对中国式现代化的内涵和本质的认识，概括形成中国式现代化的中国特色、本质要求和重大原则，初步构建中国式现代化的理论体系，为中国式现代化提供了根本遵循，推动党和国家事业取得历史性成就、发生历史性变革。

中国特色社会主义制度为中国式现代化提供根本保障。制度是管根本、管长远的。习近平总书记指出：“中国特色社会主义制度是当代中国发展进步的根本制度保障，是具有鲜明中国特色、明显制度优势、强大自我完善能力的先进制度。”从新中国成立后确立社会主义基本制度，到改革开放后探索建立中国特色社会主义制度，再到党的十八大以来坚持和完善中国特色社会主义制度、推进国家治理体系和治理能力现代化，中国特色社会主义制度更加成熟更加定型。中国特色社会主义制度涵盖党的领导和政治、经济、文化、社会、生态文明、军事、外交等各方面制度，是一个严密完整的科学制度体系。日益系统完备、科学规范、运行有效的制度体系，为推进中国式现代化提供了全方位、多层次的坚强制度保障。

中国特色社会主义文化为中国式现代化增强精神力量。习近平总书记指出：“物质富足、精神富有是社会主义现代化的根本要求。”一个民族要实现复兴，既需要强大的物质力量，也需要强大的精神力量。有先进文化的积极引领、人民精神世界的极大丰富、民族精神力量的不断增强，中国式现代化才能顺利向前推进。中国特色社会主义文化源于中华民族五千多年文明历史所孕育的中华优秀传统文化，熔铸于党领导人民在革命、建设、改革中创造的革命文化和社会主义先进文化，植根于中国特色社会主义伟大实践，是中国人民奋勇前进的强大精神力量。以习近平同志为核心的党中央把文化建设提升到新的历史高度，提出在新的起点上继续推动文化繁荣、建设文化强国、建设中华民族现代文明是我们在新时代新的文化使命，激发全民族文化创新创造活力，更好构筑中国精神、中国价值、中国力量，中国式现代化的精神力量不断增强。

坚持和发展中国特色社会主义，以中国式现代化全面推进中华民族伟大复兴

习近平总书记指出："实现社会主义现代化和中华民族伟大复兴是坚持和发展中国特色社会主义的总任务"。党的二十大擘画了全面建设社会主义现代化国家、实现第二个百年奋斗目标的宏伟蓝图，对以中国式现代化全面推进中华民族伟大复兴作出一系列重大部署。新征程上，我们必须坚持以习近平新时代中国特色社会主义思想为指导，坚定中国特色社会主义道路自信、理论自信、制度自信、文化自信，更有定力、更有自信、更有智慧地坚持和发展新时代中国特色社会主义，不断谱写强国建设、民族复兴的崭新篇章。

深刻领悟"两个确立"的决定性意义。新时代十年的伟大变革充分证明，"两个确立"对新时代党和国家事业发展、对推进中华民族

伟大复兴历史进程具有决定性意义。以中国式现代化全面推进中华民族伟大复兴，必须深刻领悟“两个确立”的决定性意义，增强“四个意识”、坚定“四个自信”、做到“两个维护”，坚持不懈用习近平新时代中国特色社会主义思想凝心铸魂，把握好这一重要思想的世界观和方法论，坚持好、运用好贯穿其中的立场观点方法，把党的创新理论运用到贯彻落实党的二十大提出的重大战略部署中去，推进中国式现代化取得新进展、新突破，使中国式现代化的中国特色更加鲜明、优势更加彰显、前景更加光明。

坚定不移走中国特色社会主义道路。推进中国式现代化必须始终把准方向、走对道路。以中国式现代化全面推进中华民族伟大复兴，必须坚定不移走中国特色社会主义道路，坚持以经济建设为中心，坚持四项基本原则，坚持改革开放，坚持独立自主、自力更生，坚持道不变、志不改，既不走封闭僵化的老路，也不走改旗易帜的邪路，坚持把国家和民族发展放在自己力量的基点上，坚持把中国发展进步的命运牢牢掌握在自己手中，努力把我国建设成为富强民主文明和谐美丽的社会主义现代化强国。

坚持发扬斗争精神。经过长期奋斗，我们党对中国式现代化的规律性认识日益深化，现代化建设取得一系列重大成就。但推进中国式现代化是一项前无古人的开创性事业，还有许多未知领域需要探索，前进道路不可能一帆风顺，必然会遇到各种可以预料和难以预料的风险挑战、艰难险阻甚至惊涛骇浪。我们要把握好我国发展面临的新的历史特点，保持战略清醒、战略自信、战略主动，增强忧患意识，坚持底线思维，敢于斗争、善于斗争，全力战胜前进道路上各种困难和挑战，通过顽强斗争打开事业发展新天地。

（《人民日报》2023 年 7 月 7 日第 9 版）

坚持道不变、志不改

李石勇

国产大飞机 C919 圆满完成商业航班首飞，标志着具有自主知识产权的 C919“研发、制造、取证、投运”全面贯通；神舟十六号载人飞船成功发射，三名航天员顺利进驻中国空间站核心舱，与神舟十五号航天员乘组拍下“全家福”，浩瀚宇宙再现中国人太空“会师”画面……不断涌现的现代化建设成果，彰显着新时代中国特色社会主义的蓬勃生机，坚定着我们走中国特色社会主义道路的信心与决心。

现代化是世界发展的历史潮流，实现现代化是各国人民的共同向往，是近代以来中华民族孜孜以求的梦想。无数仁人志士为探索现代化之路尝试过各种方案，走过不同的路。1933 年 7 月《申报月刊》为创刊周年发行特大号，刊出“中国现代化问题号”特辑，核心论题是中国实现现代化的条件和方式。然而，当时的中国要想实现现代化，只能是一个遥不可及的梦想。

在中国这样一个人口众多和发展落后的大国，建设现代化国家，道路问题是最根本的问题。习近平总书记指出："民族复兴的追梦路上，难免会经历曲折和痛苦，但只要路走对了，就不怕遥远。"以民族复兴为己任的中国共产党登上历史舞台后，从没有路的地方踏出人间正道，从布满荆棘的地方开辟出康庄大道，带领人民对中国现代化建设进行了艰辛探索，取得了伟大成就。我们党历经革命、建设、改革各个历史时期，把马克思主义基本原理同中国具体实际相结合、同中华优秀传统文化相结合，坚持独立自主，坚持中国的事情按照中国的特点、中国的实际来办，走出了一条中国特色社会主义道路。

鞋子合不合脚，自己穿了才知道；道路好不好，自己走了才知道。100 多年前，最早喊出"振兴中华"的中国革命先行者孙中山先生，在《建国方略》中满怀希望地设想，修建约 16 万公里的铁路，修建 160 万公里的公路，建设 3 个世界级大港。当时的中国人多将其视为无法实现的梦想。现如今，祖国大地上，铁路进青藏，公路密成网，高峡出平湖，港口连五洋，产业门类齐，稻麦遍地香……从落后农业国跃升为世界第二大经济体，从温饱不足到全面建成小康社会，从物资匮乏到拥有全球最完整的工业体系，真是天翻地覆慨而慷。当今中国正奋力奔跑在现代化的征途上，不仅创造了世所罕见的经济快速发展和社会长期稳定两大奇迹，而且成功走出了中国式现代化道路，创造了人类文明新形态。我们之所以能够创造出令世人瞩目的发展成就，走出了正确道路是根本原因。实践充分证明，中国特色社会主义道路是创造人民美好生活、实现中华民族伟大复兴的康庄大道，符合中国实际、反映中国人民意愿、适应时代发展要求，不仅走得对、走得通，而且走得稳、走得好。

从世界范围看，一些后发国家把西方现代化模式奉为圭臬，但并未取得理想效果，甚至陷入经济长期停滞、社会政治动荡的困境，一个重要原因就在于失去了发展的自主性和主动权。这些国家中，有的因全盘照搬、简单套用西方制度而水土不服，有的因没能处理好自主与开放的关系而沦为依附型国家。中国的成功经验就在于，没有搞简单的千篇一律、“复制粘贴”，而是既遵循现代化一般规律，又立足本国国情，自主探索具有本国特色的现代化之路。这种独立自主的探索精神，这种坚持走自己的路的坚定决心，是我们党不断从挫折中觉醒、不断从胜利走向胜利的真谛。

习近平总书记指出：“中国特色社会主义正成为21世纪科学社会主义发展的旗帜，成为振兴世界社会主义的中流砥柱，我们党有责任、有信心、有能力为科学社会主义新发展作出更大历史贡献。”脚踏中华大地，传承中华文明，走符合中国国情的正确道路，党和人民具有无比广阔的舞台，具有无比深厚的历史底蕴，具有无比强大的前进定力。新时代新征程，我国发展面临新的战略机遇、新的战略任务、新的战略阶段、新的战略要求、新的战略环境，各种不确定、不稳定因素相互交织，需要应对的风险和挑战、需要解决的矛盾和问题比以往更加错综复杂。越是在实现第二个百年奋斗目标的关键阶段，越需要我们坚定道不变、志不改的信念和决心，既不走封闭僵化的老路，也不走改旗易帜的邪路。循大道，至万里。无论风云如何变幻，无论挑战如何严峻，沿着中国特色社会主义道路坚定不移走下去，我们一定能牢牢把中国发展进步的命运掌握在自己手中，推动中国式现代化行稳致远。

（《人民日报》2023 年 7 月 7 日第 9 版）

坚持独立自主
把国家和民族发展放在自己力量的基点上

刘志明

人类历史上没有一个民族、一个国家可以通过依赖外部力量、照搬外国模式、跟在他人后面亦步亦趋实现强大和振兴。一切成功发展振兴的民族，都是找到了适合自己实际的道路的民族。习近平总书记指出："中国要发展，最终要靠自己。"以中国式现代化全面推进中华民族伟大复兴，必须坚持独立自主、自力更生，把国家和民族发展放在自己力量的基点上，把中国发展进步的命运牢牢掌握在自己手中。

独立自主是中华民族精神之魂，是我们立党立国的重要原则。中国人民和中华民族从近代以后的深重苦难走向伟大复兴的光明前景，从来就没有教科书，更没有现成答案，靠的是独立自主，把国家和民族发展放在自己力量的基点上，集中精力办好自己的事情。独立自主，体现为立足国情探索适合自己的发展道路，并把正确的道路走实走坚定；体现为不因面临风险挑战而畏惧退缩、改弦更张，而是勇于攻坚克难、开拓创新；体现为坚持一切从实际出发，独立思考、摸索规律、总结经验，着力解决实际问题。

习近平总书记指出：“中华文明具有突出的连续性，从根本上决定了中华民族必然走自己的路。”我们党在革命、建设、改革各个历史时期，坚持从我国国情出发，坚持独立自主、自力更生，敢于突破条条框框和既有模式，在革命年代开辟农村包围城市、武装夺取政权的正确道路，在社会主义建设时期建立起独立的比较完整的工业体系和国民经济体系，在改革开放后抓住机遇、勇于创新，走出了中国特色社会主义道路，仅用几十年时间就走完发达国家几百年走过的工业化历程。

党的百年奋斗成功道路是党领导人民独立自主探索开辟出来的，马克思主义的中国篇章是中国共产党人依靠自身力量实践出来的。独立自主是我们党从中国实际出发，依靠党和人民力量进行革命、建设、改革的必然结论。进入新时代，我们党继续坚持独立自主，把国家和民族发展放在自己力量的基点上，推进新时代中国特色社会主义建设。习近平总书记在参观《复兴之路》展览时，寄语全党同志“道路决定命运，找到一条正确的道路多么不容易，我们必须坚定不移走下去”；谈及人才队伍建设，殷殷嘱托“我们必须增强忧患意识，更加重视人才自主培养，加快建立人才资源竞争优势”；考察崖州湾种子实验室时，明确要求“实现种业科技自立自强、种源自主可控，用中国种子保障中国粮食安全”；在重大外交场合，向世界重申“我们要秉持独立自主原则，探索现代化道路的多样性”。党的二十大报告强调独立自主，从“全面提高人才自主培养质量”“增强自主创新能力”，到“坚定奉行独立自主的和平外交政策”“在独立自主、完全平等、互相尊重、互不干涉内部事务原则基础上加强同各国政党和政治组织交流合作”，无不彰显着对独立自主的高度重视。

当前，世界百年未有之大变局加速演进，新一轮科技革命和产业变革深入发展，国际力量对比深刻调整。同时，世纪疫情影响深远，逆全球化思潮抬头，单边主义、保护主义明显上升，世界进入新的动荡变革期。面向未来，在实现第二个百年奋斗目标的新征程上，我们要总结好运用好坚持独立自主这一宝贵经验，既不妄自菲薄、也不妄自尊大，坚定不移走中国特色社会主义道路。

走好中国道路，必须坚持党的全面领导，坚持习近平新时代中国特色社会主义思想的科学指导，统筹推进“五位一体”总体布局、协调推进“四个全面”战略布局，立足新发展阶段，完整、准确、全面贯彻新发展理念，构建新发展格局，推动高质量发展，牢牢掌握发展主动权，科学求解时代和实践提出的重大问题。同时要认识到，独立自主并不意味着封闭僵化、固步自封。中国共产党历来强调树立世界眼光，积极学习借鉴世界各国人民创造的文明成果，并结合中国实际加以运用。我们要坚持独立自主和对外开放相统一，既坚定民族自尊心和自信心，又虚心学习借鉴国外有益经验，做到坚守但不僵化，借鉴但不照搬，在独立自主的立场上学习借鉴人类社会一切优秀文明成果，吸收转化成我们自己的东西，让中国特色社会主义道路越走越宽广。

（《人民日报》2023 年 7 月 7 日第 9 版）

链接阅读

把新时代中国特色社会主义不断推向前进

国防大学习近平新时代中国特色社会主义思想研究中心

党的二十大是在全党全国各族人民迈上全面建设社会主义现代化国家新征程、向第二个百年奋斗目标进军的关键时刻召开的一次十分重要的大会，对鼓舞和动员全党全国各族人民坚持和发展中国特色社会主义、全面建设社会主义现代化国家、全面推进中华民族伟大复兴具有重大意义。习近平总书记在党的二十大报告中指出，大会的主题是：高举中国特色社会主义伟大旗帜，全面贯彻新时代中国特色社会主义思想，弘扬伟大建党精神，自信自强、守正创新，踔厉奋发、勇毅前行，为全面建设社会主义现代化国家、全面推进中华民族伟大复兴而团结奋斗。这宣示了我们党在全面建设社会主义现代化国家、向第二个百年奋斗目标进军的新征程上，将始终高举中国特色社会主义伟大旗帜，团结带领中国人民承前启后、继往开来，以奋发有为的精神把新时代中国特色社会主义不断推向前进，不断夺取中国特色社会主义新胜利。

中国特色社会主义让科学社会主义
在21世纪的中国焕发出新的蓬勃生机

江河万里总有源，树高千尺也有根。习近平总书记指出："中国特色社会主义是社会主义而不是其他什么主义，科学社会主义基本原则不能丢，丢了就不是社会主义。"中国特色社会主义是党和人民历尽千辛万苦、付出巨大代价取得的根本成就，既坚持科学社会主义基本原则，又根据时代条件赋予其鲜明的中国特色。

马克思主义是我们党和国家的指导思想。习近平总书记指出："马克思、恩格斯关于资本主义社会基本矛盾的分析没有过时，关于资本主义必然消亡、社会主义必然胜利的历史唯物主义观点也没有过时。这是社会历史发展不可逆转的总趋势"。我们要顺应社会历史发展不可逆转的总趋势，毫不动摇坚持和发展科学社会主义。

党的十八大以来，中国特色社会主义进入新时代。新时代中国特色社会主义始终坚持科学社会主义基本原则。在领导制度上，强调中国共产党领导是中国特色社会主义最本质的特征，是中国特色社会主义制度的最大优势，党是最高政治领导力量；在国体和政体上，实行人民民主专政和人民代表大会制度，不断健全人民当家作主制度体系；在经济制度上，坚持公有制为主体、多种所有制经济共同发展，按劳分配为主体、多种分配方式并存，社会主义市场经济体制等社会主义基本经济制度；在意识形态上，坚持马克思主义在意识形态领域指导地位，培育和践行社会主义核心价值观；在根本立场上，坚持以人民为中心，不断促进人的全面发展、全体人民共同富裕；等等。这些都在新的历史条件下体现了科学社会主义基本原则，充分表明新时代中国特色社会主义在坚持科学社会主义基本原则同中国具体实际、历史文化传统、新的时代要求相结合中不断丰富和发展科学社会主义。

新时代 10 年，以习近平同志为核心的党中央高举中国特色社会主义伟大旗帜，团结带领全党全国各族人民自信自强、守正创新，创造了新时代中国特色社会主义的伟大成就。习近平总书记指出："新时代 10 年的伟大变革，在党史、新中国史、改革开放史、社会主义发展史、中华民族发展史上具有里程碑意义。"新时代中国特色社会主义的伟大成就，让科学社会主义在 21 世纪的中国焕发出新的蓬勃生机。

中国特色社会主义是实现中华民族伟大复兴的唯一正确道路

实现中华民族伟大复兴，是近代以来中华民族最伟大的梦想。习近平总书记强调："实现中华民族伟大复兴，道路是最根本的问题。中国特色社会主义是实现中华民族伟大复兴的唯一正确道路""坚定中国特色社会主义道路自信、理论自信、制度自信、文化自信"。中国特色社会主义进入新时代，意味着中国特色社会主义道路、理论、制度、文化不断发展，证明了中国特色社会主义这条道路符合中国实际、反映中国人民意愿、适应时代发展要求，不仅走得对、走得通，而且也一定能够走得稳、走得好。我们要深入学习贯彻党的二十大精神，在中国特色社会主义道路上不可逆转地走向中华民族伟大复兴。

党的十八大以来，国内外形势新变化和实践新发展，迫切需要我们深入回答一系列重大理论和实践问题。以习近平同志为核心的党中央，提出中国特色社会主义进入新时代的重大判断，丰富发展了社会主义发展阶段理论；提出新时代我国社会主要矛盾已经转化为人民日益增长的美好生活需要和不平衡不充分的发展之间的矛盾，丰富发展了社会主义矛盾学说；揭示中国式现代化道路的中国特色和本质要求，作出全面建成社会主义现代化强国的战略部署，丰富发展了社会主义现代化理论；等等。在习近平新时代中国特色社会主义思想指引下，党和国家事业取得历史性成就、发生历史性变革，中国特色社会主义展现出更加强大、更有说服力的真理力量，中国特色社会主义道路越走越宽广，中华民族伟大复兴展现出前所未有的光明前景。

走自己的路，是党的全部理论和实践立足点，更是党百余年奋斗得出的历史结论。中国特色社会主义道路是创造人民美好生活、实现中华民族伟大复兴的康庄大道。脚踏中华大地，传承中华文明，走符合中国国情的正确道路，党和人民就具有无比广阔的舞台，具有无比深厚的历史底蕴，具有无比强大的前进定力。只要我们坚定不移走中国特色社会主义道路，就一定能够把我国建设成为富强民主文明和谐美丽的社会主义现代化强国，就一定能够实现中华民族伟大复兴。

坚持和发展中国特色社会主义要一以贯之

中国特色社会主义既是我们必须不断推进的伟大事业，又是我们开辟未来的根本保证。习近平总书记指出："新时代中国特色社会主义是我们党领导人民进行伟大社会革命的成果，也是我们党领导人民进行伟大社会革命的继续，必须一以贯之进行下去。"深入学习贯彻党的二十大精神，高举中国特色社会主义伟大旗帜，就要不断坚持和发展中国特色社会主义，以党的自我革命引领社会革命。

当前，世界百年未有之大变局加速演进，世界之变、时代之变、历史之变的特征更加明显，我国发展面临新的战略机遇、新的战略任务、新的战略阶段、新的战略要求、新的战略环境，需要应对的风险和挑战、需要解决的矛盾和问题比以往更加错综复杂，坚持和发展中国特色社会主义面临许多新的重大课题。我们要全面贯彻习近平新时代中国特色社会主义思想，统筹推进"五位一体"总体布局，协调推进"四个全面"战略布局，立足新发展阶段、贯彻新发展理念、构建新发展格局、推动高质量发展，全面深化改革开放，促进共同富裕，推进科技自立自强，发展全过程人民民主，保证人民当家作主，坚持全面依法治国，坚持社会主义核心价值体系，坚持在发展中保障和改善民生，坚持人与自然和谐共生，统筹发展和安全，加快国防和军队现代化，协同推进人民富裕、国家强盛、中国美丽。

时代呼唤着我们，人民期待着我们，唯有矢志不渝、笃行不怠，方能不负时代、不负人民。习近平总书记在党的二十大报告中深刻阐述了“五个必由之路”。全党必须牢记，坚持党的全面领导是坚持和发展中国特色社会主义的必由之路，中国特色社会主义是实现中华民族伟大复兴的必由之路，团结奋斗是中国人民创造历史伟业的必由之路，贯彻新发展理念是新时代我国发展壮大的必由之路，全面从严治党是党永葆生机活力、走好新的赶考之路的必由之路。这是我们在长期实践中得出的至关紧要的规律性认识，必须倍加珍惜、始终坚持，咬定青山不放松，引领和保障中国特色社会主义巍巍巨轮乘风破浪、行稳致远。

（执笔：刘光明　胡得志　刘永亮）

（《人民日报》2022 年 10 月 19 日第 17 版）

坚持把中国发展进步的命运
牢牢掌握在自己手中

中央党校（国家行政学院）
习近平新时代中国特色社会主义思想研究中心

党的二十大报告进一步指明了党和国家事业的前进方向，是我们党团结带领全国各族人民在新时代新征程坚持和发展中国特色社会主义的政治宣言和行动纲领。习近平总书记在党的二十大报告中指出："坚持把国家和民族发展放在自己力量的基点上，坚持把中国发展进步的命运牢牢掌握在自己手中。"这是深刻总结历史经验、科学审视当今世界和当代中国发展大势作出的重要战略判断，对于我们在全面建设社会主义现代化国家新征程上行稳致远具有十分重要的意义。

关键在于办好自己的事

一个国家、一个民族的发展，立足点在于走好自己的路，关键在于办好自己的事。"坚持把中国发展进步的命运牢牢掌握在自己手中"

的重要论述，深刻体现了以习近平同志为核心的党中央对如何推动当前和今后一个时期党和国家事业发展的战略思考，具有充分的理论依据、历史依据和现实依据。

这是对事物发展规律的科学把握。唯物辩证法认为，事物发展变化是内因和外因共同作用的结果，内因是事物发展变化的根据，决定着事物发展的基本趋势，外因通过内因起作用。中国共产党人历来重视充分发挥“内因”的作用，认为革命、建设、改革主要靠自己，必须把命运掌握在自己手中。毛泽东同志指出：“中国的事情，要靠共产党办，靠人民办。”邓小平同志指出：“一切决定于我们自己的事情干得好不好。”新时代，面对世情国情党情的深刻变化，习近平总书记指出：“中国的事情必须按照中国的特点、中国的实际来办，这是解决中国所有问题的正确之道”“多从内因着眼、着手、着力，找准症结就有的放矢、对症下药”。历史和现实都表明，只有把国家和民族发展放在自己力量的基点上，才能把中国发展进步的命运牢牢掌握在自己手中。

这是党百年奋斗历程的深刻启示。自成立以来，党团结带领中国人民进行的一切奋斗、一切牺牲、一切创造，归结起来就是一个主题：实现中华民族伟大复兴。新民主主义革命时期，党团结带领人民推翻帝国主义、封建主义、官僚资本主义三座大山，建立了人民当家作主的中华人民共和国，创造了新民主主义革命的伟大成就，为实现中华民族伟大复兴创造了根本社会条件。社会主义革命和建设时期，党团结带领人民确立社会主义基本制度，推进社会主义建设，创造了社会主义革命和建设的伟大成就，为实现中华民族伟大复兴奠定了根本政治前提和制度基础。改革开放和社会主义现代化建设新时期，党团结带领人民坚定不移推进改革开放，开创、坚持、捍卫、发展中国特色社会主义，创造了改革开放和社会主义现代化建设的伟大成就，为实现中华民族伟大复兴提供了充满新的活力的体制保证和快速发展的物质条件。中国特色社会主义新时代，党团结带领人民如期实现全面建成小康社会目标，顺利开启实现第二个百年奋斗目标新征程，创造了新时代中国特色社会主义的伟大成就，为实现中华民族伟大复兴提供了更为完善的制度保证、更为坚实的物质基础、更为主动的精神力量。一百多年来，我们党之所以能团结带领人民书写中华民族几千年历史上最恢宏的史诗，一个重要原因就是锚定奋斗目标，在每个历史阶段都把中国发展进步的命运牢牢掌握在自己手中。

这是推进中华民族伟大复兴的战略谋划。习近平总书记指出："从现在起，中国共产党的中心任务就是团结带领全国各族人民全面建成社会主义现代化强国、实现第二个百年奋斗目标，以中国式现代化全面推进中华民族伟大复兴。"以中国式现代化全面推进中华民族伟大复兴，是以习近平同志为核心的党中央把国家和民族发展放在自己力量基点上作出的重大决策，也是把中国发展进步的命运牢牢掌握在自己手中的宏伟事业。中国式现代化具有中国特色、符合中国实际，是人口规模巨大、全体人民共同富裕、物质文明和精神文明相协调、人与自然和谐共生、走和平发展道路的现代化。坚持以中国式现代化全面推进中华民族伟大复兴，要求我们坚持中国共产党领导，依靠中国人民力量，既不走封闭僵化的老路，也不走改旗易帜的邪路，坚定不移在中国特色社会主义道路这条唯一正确的道路上实现民族复兴。

坚持团结奋斗，增强历史主动

越是接近民族复兴，越不会一帆风顺。越是斗争形势复杂，越要坚持把中国发展进步的命运牢牢掌握在自己手中。在全面建设社会主义现代化国家新征程上，要坚持团结奋斗、增强历史主动、发扬斗争精神，不为任何风险所惧，不为任何干扰所惑，风雨无阻向前行。

坚持团结奋斗。习近平总书记指出："团结奋斗是中国人民创造历史伟业的必由之路"。坚持把中国发展进步的命运牢牢掌握在自己手中，要求全党坚持全心全意为人民服务的根本宗旨，树牢群众观点，贯彻群众路线，尊重人民首创精神，坚持一切为了人民、一切依靠人民，从群众中来、到群众中去，始终保持同人民群众的血肉联系。只要我们始终同人民同呼吸、共命运、心连心，全党全国各族人民就能在党的旗帜下团结成"一块坚硬的钢铁"，心往一处想、劲往一处使，推动中华民族伟大复兴号巨轮乘风破浪、扬帆远航，真正把中国发展进步的命运牢牢掌握在自己手中。

增强历史主动。习近平总书记指出："拥有马克思主义科学理论指导是我们党坚定信仰信念、把握历史主动的根本所在。"马克思主义是我们立党立国、兴党兴国的根本指导思想。实践告诉我们，中国共产党为什么能，中国特色社会主义为什么好，归根到底是马克思主义行，是中国化时代化的马克思主义行。坚持把中国发展进步的命运牢牢掌握在自己手中，必须继续高举中国特色社会主义伟大旗帜，始终不渝走中国特色社会主义道路，全面贯彻习近平新时代中国特色社会主义思想，增强历史主动，创造性地解答和解决事关中国发展进步的重大理论和实践问题。

发扬斗争精神。开启全面建设社会主义现代化国家新征程，面临的风险和考验一点也不会比过去少。坚持把中国发展进步的命运牢牢掌握在自己手中，要增强志气、骨气、底气，不信邪、不怕鬼、不怕压，知难而进、迎难而上；要积极主动、未雨绸缪，见微知著、防微杜渐，做好经济上、政治上、文化上、社会上、外交上、军事上各种斗争的准备；要以越是艰险越向前的精神奋勇搏击、迎难而上，自觉加强斗争历练，在斗争中学会斗争，在斗争中成长提高，发扬斗争精神，增强斗争本领，敢打硬仗、善打胜仗，全力战胜前进道路上各种困难和挑战，依靠顽强斗争打开事业发展新天地。

坚持系统观念，加强统筹协调

当前，世界百年未有之大变局加速演进，世界之变、时代之变、历史之变的特征更加明显，我国发展进入战略机遇和风险挑战并存、不确定难预料因素增多的时期，各种“黑天鹅”、“灰犀牛”事件随时可能发生。前进道路上，我们要坚持系统观念，加强统筹协调，把我们自己的事情办好，准备经受风高浪急甚至惊涛骇浪的重大考验，真正在自己力量的基点上牢牢掌握中国发展进步的命运。

统筹好国内国际两个大局。当今世界正经历百年未有之大变局，我国正处于实现中华民族伟大复兴的关键时期。这是一个船到中流浪更急、人到半山路更陡的时候，是一个愈进愈难、愈进愈险而又不进则退、非进不可的时候。把中国发展进步的命运牢牢掌握在自己手中，要统筹好国内国际两个大局，保持战略定力，不断发展壮大自己，夯实应对世界变局的战略基石，以自身发展的稳定性应对外部环境的不确定性。

统筹好发展和安全两件大事。当前，世界进入新的动荡变革期，全球发展和安全形势错综复杂。统筹发展和安全，增强忧患意识，做到居安思危，是我们党治国理政的一个重大原则。坚持把中国发展进步的命运牢牢掌握在自己手中，要求我们增强忧患意识，树立底线思维，把困难估计得更充分一些，把风险思考得更深入一些，注重堵漏洞、强弱项，下好先手棋、打好主动仗，有效防范化解各类风险挑战，塑造有利于经济社会发展的安全环境。要保持战略自信、战略耐心，聚精会神搞建设、一心一意谋发展，运用发展成果夯实国家安全的实力基础，牢牢掌握战略主动权，着力增强对国家安全的主动塑造能力。

（执笔：郝永平　黄相怀）

（《人民日报》2022 年 11 月 14 日第 13 版，编选时有改动）

第三章

实现高质量发展

以高质量发展推进中国式现代化

洪银兴

中国式现代化是我们强国建设、民族复兴的康庄大道。党的二十大报告提出了中国式现代化的本质要求，其中第三条就是“实现高质量发展”。面对当今世界变乱交织、百年变局加速演进，我国发展战略机遇和风险挑战并存、不确定难预料因素增多的发展环境，必须牢牢把握高质量发展这个首要任务，以高质量发展推进中国式现代化。

实现高质量发展是中国式现代化的本质要求之一

改革开放以来，经过几十年的经济快速发展，我国生产要素活力得到充分释放，经济总量跃居世界第二，同时也面临着资源环境约束趋紧、传统发展模式难以为继等局面。党的二十大报告提出，到2035年基本实现社会主义现代化，我国人均国内生产总值将“达到中等发达国家水平”。实现这一目标，不仅需要保持一定的经济增长速度，更需要把推动发展的立足点转到提高质量和效益上来，推动我国经济迈上更高质量、更有效率、更加公平、更可持续、更为安全的发展之路，实现高质量发展。

高质量发展是遵循经济规律和自然规律的发展。习近平总书记指出："发展必须是遵循经济规律的科学发展，必须是遵循自然规律的可持续发展。"高质量发展是遵循经济规律和自然规律的发展。遵循经济规律，就是立足新发展阶段，转变经济发展方式，以提高质量和效益为中心，以满足人民日益增长的美好生活需要为出发点和落脚点，推动经济实现质的有效提升和量的合理增长。遵循自然规律，就是高度重视资源、环境和生态的刚性约束，走生产发展、生活富裕、生态良好的文明发展道路，加快建设资源节约型、环境友好型社会，实现人与自然和谐共生。

高质量发展体现我国现代化建设指导原则。习近平总书记指出："贯彻新发展理念明确了我国现代化建设的指导原则"。新发展理念回答了关于发展的目的、动力、方式、路径等一系列理论和实践问题，贯彻新发展理念是新时代我国发展壮大的必由之路。高质量发展是体现新发展理念的发展，也必然是体现我国现代化建设指导原则的发展。其中，创新发展注重的是解决发展动力问题，协调发展注重的是解决发展不平衡问题，绿色发展注重的是解决人与自然和谐问题，开放发展注重的是解决发展内外联动问题，共享发展注重的是解决社会公平正义问题。

高质量发展确保中国式现代化行稳致远。习近平总书记强调："推动经济发展质量变革、效率变革、动力变革，提高全要素生产率"。

全要素生产率是高质量发展的重要评价指标，其影响因素主要包括：要素配置和组织的改善，规模经济，知识、技术的发展及其广泛应用，等等。推动高质量发展，就是通过优化生产要素配置和组合，提高生产要素利用水平，促进全要素生产率提高，不断增强经济内生增长动力。具有澎湃动力的高质量发展，必将确保中国式现代化行稳致远。

以高质量发展推进中国式现代化的几个着力点

作为全面建设社会主义现代化国家的首要任务，高质量发展是对经济社会发展方方面面的总要求，内涵十分丰富。这里仅列举几个方面的着力点。

推动“新四化”同步发展。现代化涉及工业化、城镇化、农业现代化、信息化等。西方发达国家的工业化、城镇化、农业现代化、信息化是顺序发展的“串联式”过程，用了200多年发展到目前水平。我国工业化、信息化、城镇化、农业现代化是叠加发展的“并联式”过程。我国坚持“四化同步”，用几十年时间走完西方发达国家几百年走过的工业化历程，创造了经济快速发展和社会长期稳定的奇迹。以高质量发展推进中国式现代化，仍然需要坚持推动“新四化”同步发展。

新征程上，“新四化”的内涵进一步丰富发展。在新型工业化方面，要加快建设现代化产业体系，主要内容包括推动制造业高端化、智能化、绿色化发展，构建优质高效的服务业新体系，推进产业基础高级化、产业链现代化，等等。在信息化方面，抓住数字技术、数字经济这一当今世界科技革命和产业变革的先机，推动数字经济健康发展，构筑国家竞争新优势。在新型城镇化方面，继续加快推进以人为核心的新型城镇化，通过实施城市更新行动、加强城市基础设施建设等，打造宜居、韧性、智慧城市，推进以县城为重要载体的城镇化建设、促进城乡融合发展等，加快农业转移人口市民化，让人民群众享有更高品质城市生活。在农业现代化方面，加快建设农业强国，通过发展高产、优质、高效、生态、安全农业，优化农业产业体系、生产体系、经营体系，加快实现农业向提质增效、可持续发展转变，促进农业高质高效、乡村宜居宜业、农民富裕富足。推动信息化和工业化深度融合、工业化和城镇化良性互动、城镇化和农业现代化相互协调，到 2035 年，我们将基本实现新型工业化、信息化、城镇化、农业现代化，为实现高质量发展打下坚实基础。

加快构建新发展格局。这是推动高质量发展的战略基点。只有加快构建新发展格局，才能夯实我国经济发展的根基、增强发展的安全性稳定性，顺利实现全面建成社会主义现代化强国的目标。依托超大规模的国内市场，抓住扩大内需这个战略基点，使生产、分配、流通、消费更多依托国内市场，提升供给体系对国内需求的适配性，形成需求牵引供给、供给创造需求的更高水平的动态平衡，将大大增强以高质量发展推进中国式现代化的内生动力。

从消费看，构建新发展格局、推动高质量发展需要发挥消费对经济发展的基础性作用。消费是最终需求，是畅通国内大循环的关键环节和重要引擎。扩大消费不仅包括扩大消费规模，更重要的是推动消费结构升级，不断满足人民日益增长的美好生活需要。这不仅需要在消费环节发力，也需要社会再生产各个环节共同发力，建立和完善扩大居民消费的长效机制，在生产和分配环节完善相关制度，使居民有稳定收入能消费；加强社会保障体系建设，使居民没有后顾之忧敢消费；在流通和服务环节优化环境，使居民获得感强愿消费。

从投资看，构建新发展格局、推动高质量发展需要发挥有效投资的关键作用。第一，投资通过促进就业等方式，为增加居民收入、促进消费提供支撑。第二，投资是解决供给与需求不适应问题的重要途径，能够以自主可控、高质量的供给满足现有需求，创造引领新的需求。第三，充分发挥创新这个引领发展的第一动力的作用，也需要扩大创新领域的投资，为创新活动提供充足的资金支持。因此，需要不断优化投资结构，在加强基础设施建设投资、产业投资的同时，加大对人力资本和科技创新的投资，以促进结构调整优化、推动高质量发展。

加快实现高水平科技自立自强。这是推动高质量发展的必由之路。近代以来，西方国家之所以能称雄世界，一个重要原因就是掌握了高端科技。当前，我国科技整体水平有了明显提高，正处在从量的增长向质的提升转变的重要时期。但同时，我国关键核心技术受制于人的局面尚未根本改变，产业链还处于全球价值链中低端。这要求我们必须把创新摆在国家发展全局的突出位置，加快实现高水平科技自立自强，突破“卡脖子”技术，培育发展新动力，塑造更多发挥先发优势的引领型发展。

实现高水平科技自立自强，要做到以下几点：一是在关键共性技术领域“并跑”。抓住当前以数字化、智能化、绿色化为代表的新技术与产业深度融合的机遇，促进关键共性技术发展，在促进国际科技交流和对话中提升自身科技创新能力，解决好产业发展的“卡脖子”问题。二是在重要科技领域“领跑”。瞄准科技前沿，实现前瞻性基础研究、引领性原创成果重大突破，使我国在重要科技领域成为全球领跑者，在前沿交叉领域成为开拓者，成为世界主要科学中心和创新高地。三是形成自主可控、安全可靠、竞争力强的现代化产业体系。加强协同创新，围绕产业链部署创新链、围绕创新链布局产业链，提升产业链供应链现代化水平。

加快实现高水平科技自立自强，要健全关键核心技术攻关新型举国体制，充分发挥集中力量办大事的制度优势和超大规模市场优势，科学统筹、集中力量、优化机制、协同攻关。坚持科技是第一生产力、人才是第一资源、创新是第一动力，深入实施科教兴国战略、人才强国战略、创新驱动发展战略，完善国家创新体系。加强包括信息基础设施、融合基础设施、创新基础设施等的新型基础设施建设，为新业态、新产业、新服务发展提供支撑。

实行高水平对外开放。以高质量发展推进中国式现代化，需要在更大范围、更宽领域、更深层次上提高开放型经济水平。具体而言，构建新发展格局需要提升国际循环质量和水平，增强国内外大循环的动力和活力；提升科技创新能力、培育产业优势需要以更大力度吸引和利用外资，充分利用全球技术资源和创新要素；加快建设贸易强国需要实行高水平的贸易和投资自由化便利化政策，以国内大循环吸引全球资源要素，提升贸易投资合作质量和水平，维护多元稳定的国际经济格局和经贸关系。

随着我国进入新发展阶段，我国参与经济全球化的方式也在相应发生变化，正在由过去发挥资源禀赋所决定的比较优势，转向培育以科技创新和人才强国为基础的新的比较优势。在这一背景下实行高水平对外开放，关键在于培育形成具有全球竞争力的开放创新生态，其主要特征包括：一是从过去以“引进来”利用国际资源为主，转向以优化营商环境、打造实验室孵化器等创新平台吸引国际优质资源、高端科技和管理人才，注重加强合作创新；二是稳步扩大规则、规制、管理、标准等制度型开放，更加注重加强知识产权法治保障，支持自由贸易试验区等平台有序放宽市场准入；三是优化外商投资结构，引导外资更多投向先进制造、现代服务、高新技术、节能环保等重点领域，参与新型基础设施投资运营，支持参与承担国家科技计划项目，鼓励外商投资在我国设立研发中心，开展科技研发活动。

同时应当看到，当前国际经济合作和竞争格局正在发生深刻变化，全球经济治理体系和规则正在面临重大调整，应对外部经济风险、维护国家经济安全的压力是过去所不能比拟的。比如，汇率波动风险、全球产业链供应链“断链”风险等，都可能波及我国经济安全。越是开放，越要重视安全，统筹好发展和安全两件大事，增强自身竞争能力、开放监管能力、风险防控能力；既聚焦重点、又统揽全局，有效防范各类风险连锁联动，为我国改革发展稳定营造良好外部环境。

（《人民日报》2023 年 7 月 14 日第 9 版）

坚持“两条腿走路” 加强基础研究

陈 志

实现高质量发展是中国式现代化的本质要求之一，加快实现高水平科技自立自强是推动高质量发展的必由之路，加强基础研究是实现高水平科技自立自强的迫切要求。党的二十大报告提出：“加强基础研究，突出原创，鼓励自由探索。”习近平总书记在中共中央政治局第三次集体学习时强调：“要强化基础研究前瞻性、战略性、系统性布局”“坚持目标导向和自由探索‘两条腿走路’，把世界科技前沿同国家重大战略需求和经济社会发展目标结合起来”。这为我们加强基础研究、从源头和底层解决关键技术问题、加快实现高水平科技自立自强指明了方向。

基础研究是指认识自然现象、揭示自然规律，获取新知识、新原理、新方法的研究活动。它处于从研究到应用、再到生产的科研链条起始端，是整个科学体系的源头。早期的基础研究通常被视为“纯粹”的、不考虑应用目的的科学研究。二战后特别是20世纪80年代以来，经济发展对科技的需求不断增强，国际竞争加剧，要求科学研究成果更快地服务于经济社会发展，推动基础研究逐步向目标导向和自由探索两个方向发展。目标导向型基础研究主要面向国家战略目标和发展需求，研究成果和产出具有一定可预期性；自由探索型基础研究指向最底层的科学原理，主要解决的是“从无到有”“从0到1”的问题，其研究成果有时难以直接应用于实际。近年来，随着科学与技术加速融合，越来越多的国家把许多技术领域的基础问题也纳入基础研究范围，推动基础研究的重点进一步从过去专注于探索客观现象、可观察事实的基本原理，向探索基本原理与关注成果应用并重转变。与此同时，随着重大科学问题的复杂性越来越大、艰巨程度越来越高，大装置、大工程、大协作的科研组织模式盛行，基础研究进入以多学科交叉融合为主要特征的大科学时代。

我们党和国家历来重视基础研究工作。新中国成立后特别是改革开放以来，我国基础研究取得了重大成就。当前，新一轮科技革命和产业变革突飞猛进，学科交叉融合不断发展，科学研究范式发生深刻变革，科学技术和经济社会发展加速渗透融合，基础研究转化周期明显缩短，国际科技竞争向基础前沿前移。世界主要经济体越来越重视以国家战略任务牵引的目标导向型研究，将信息、能源、健康等作为重点，推动基础研究与应用、转化、生产的一体化部署，抢占发展先机。我国科技实力正在从量的积累迈向质的飞跃、从点的突破迈向系统能力提升，立足新发展阶段、贯彻新发展理念、构建新发展格局、推动高质量发展，必须完善国家创新体系，实现高水平科技自立自强。

应对国际科技竞争、实现高水平自立自强，迫切需要我们坚持目标导向和自由探索“两条腿走路”，加强基础研究，聚焦遵循科学发展规律提出的前沿问题、重大应用研究中抽象出的理论问题，凝练基础研究关键科学问题并着力攻关，进而实现前沿科学引领并支撑技术突破、应用需求牵引源头创新，从源头和底层解决关键技术问题。为此，应从以下几方面着力。

保持经费投入稳步增长，不断优化投入结构。基础研究难度大、花费高、周期长，需要持续稳定的经费支持。一方面，加大财政投入力度。既保障自由探索型基础研究经费比例，强化国家自然科学基金等对自由探索型基础研究的支持作用，又紧密围绕制造强国、航天强国、交通强国、网络强国、海洋强国等建设需求，优化国家科技计划体系和运行机制。另一方面，引导企业和金融机构以适当形式加大支持。企业是创新的主体，适当扩大企业基础研究税收优惠范围、加大执行力度，有利于激励企业成为基础研究投入与执行的重要主体。同时，鼓励社会以捐赠和建立基金等方式多渠道投入基础研究。

完善激励评价机制，造就一流人才队伍。加强基础研究，归根结底要靠高水平人才。要坚持走基础研究人才自主培养之路，推进科教融合协同育人，源源不断地造就规模宏大的基础研究后备力量。制定实施基础研究人才专项，从挑大梁、增机会、减考核、保时间、强身心等方面继续系统施策，加强对青年科技人才培养的支持。强化以质量、绩效、贡献为核心的科技成果评价导向，完善目标导向型和自由探索型基础研究科研项目分类评价制度。扩大国际科技交流合作，营造良好的人才创新生态，聚天下英才而用之，充分激发广大科研人员的积极性、主动性、创造性。

处理好新型举国体制与市场机制的关系。针对不同类型的基础研究，加强分类施策。自由探索型基础研究可以更多依托高水平大学和科研机构，发挥专业团队优势，同时适应“大科学”发展需要，发挥重大科技基础设施作用和多学科大团队协同攻关优势。目标导向型基础研究可强化有组织科研攻关，充分发挥国家战略科技力量的优势，在参与主体和人员的动员与激励方面更多发挥市场机制的作用，真正实现跨区域、跨领域、跨学科协同创新，推动形成重大科学突破。

（《人民日报》2023 年 7 月 14 日第 9 版）

为高质量发展提供重要支撑

促进区域协调发展向更高水平和更高质量迈进

董雪兵　李霁霞

我国幅员辽阔、人口众多，各地区自然资源禀赋差别之大在世界上是少有的，统筹区域协调发展任务十分艰巨。区域协调发展是推动高质量发展的必然要求和重要支撑，也是推进中国式现代化的重要内容。党的十八大以来，我们党把实施区域协调发展战略作为新时代国家重大战略之一，推动形成优势互补、高质量发展的区域经济布局，我国区域协调发展取得历史性成就、发生历史性变革。

区域发展平衡性逐步增强，中部和西部地区生产总值占全国比重由 2012 年的 21.3%、19.6% 提高到 2022 年的 22.1%、21.4%，东部与中西部地区人均地区生产总值之比分别从 2012 年的 1.69、1.87 下降至 2022 年的 1.50、1.64。京津冀、长三角、粤港澳大湾区发挥了高质量发展动力源、改革试验田的重要作用。重要功能区关键作用更加明显，长江经济带区域生态环境发生显著变化，黄河流域生态保护和高质量发展规划纲要深入落实，5 个产粮大省 2022 年产量超过全国产量的 40%，能源富集地区建成一批能源资源综合开发利用基地。区域之间基本公共服务均等化水平不断提高，基础设施通达程度更加均衡，人民基本生活保障水平逐步接近。

党的二十大报告从全面建设社会主义现代化国家、全面推进中华民族伟大复兴的高度，提出“促进区域协调发展”并作出战略部署，为我们在新征程上促进区域协调发展向更高水平和更高质量迈进指明了前进方向。

以区域协调发展更好满足人民美好生活需要。高质量发展是能够很好满足人民日益增长的美好生活需要的发展。我们党把实现人民对美好生活的向往作为现代化建设的出发点和落脚点，坚决防止两极分化。推动区域协调发展，就要实现基本公共服务均等化、基础设施通达程度比较均衡、人民基本生活保障水平大体相当。这是立足于促进全体人民共同富裕，发挥各地区比较优势，在发展中促进相对平衡的过程，将有力提升各地区民生保障能力，不断增强人民群众的获得感幸福感安全感。

以区域协调发展促进加快建设全国统一大市场。建设全国统一大市场，重点在于打通制约经济循环的关键堵点，促进商品要素资源在更大范围内畅通流动。促进区域协调发展，开展区域市场一体化建设工作，按照建设统一、开放、竞争、有序的市场体系要求，推动京津冀、长江经济带、粤港澳等区域市场建设，加快探索建立规划制度统一、发展模式共推、治理方式一致、区域市场联动的区域市场一体化发展新机制，有利于健全市场一体化发展机制，促进形成全国统一大市场。

以区域协调发展推动创新驱动发展。创新是引领发展的第一动力。对于创新来说，科技资源优化配置至关重要。推动区域协调发展，消除区域市场壁垒，清理和废除妨碍统一市场和公平竞争的各种规定和做法，鼓励企业组建跨地区跨行业产业、技术、创新、人才等合作平台，有助于通过市场需求引导创新资源有效配置，提升空间知识溢出效应，增强国家整体创新能力和创新效率，增强创新发展动力，为高质量发展提供支撑。

坚持以习近平新时代中国特色社会主义思想为指导，贯彻落实党的二十大精神，以区域协调发展推动高质量发展，需要在以下几方面着力：深入推进西部大开发、东北全面振兴、中部地区崛起、东部率先发展，增强区域发展平衡性协调性；推进京津冀协同发展、长江经济带发展、粤港澳大湾区建设、长三角一体化发展，推动黄河流域生态保护和高质量发展，高标准高质量建设雄安新区，推动成渝地区双城经济圈建设，增强高质量发展的重要动力源；建立健全区域协调发展体制机制，不断挖掘和发挥各地区比较优势，促进各类要素有序流动和利益合理分配；大力支持特殊类型地区发展，着力提升人民生活水平；着力推动重要功能区建设，保障国家粮食生态能源安全。

（《人民日报》2023 年 7 月 14 日第 9 版）

链接阅读

着力推动高质量发展

广东省习近平新时代中国特色社会主义思想研究中心

党的二十大报告明确新时代新征程“中国共产党的中心任务就是团结带领全国各族人民全面建成社会主义现代化强国、实现第二个百年奋斗目标，以中国式现代化全面推进中华民族伟大复兴”，强调“高质量发展是全面建设社会主义现代化国家的首要任务”。这充分体现了以习近平同志为核心的党中央团结带领全党全国各族人民全面建设社会主义现代化国家、全面推进中华民族伟大复兴的战略定力和责任担当，为着力推动高质量发展提供了根本遵循。

充分认识高质量发展
对全面建设社会主义现代化国家的重大意义

高质量发展是“十四五”乃至更长时期我国经济社会发展的主题，

关系我国社会主义现代化建设全局。

解决我国社会主要矛盾的有力举措。习近平总书记指出："发展是解决我国一切问题的基础和关键"。中国特色社会主义进入新时代，我国社会主要矛盾转化为人民日益增长的美好生活需要和不平衡不充分的发展之间的矛盾。这要求我们必须把发展质量问题摆在更为突出的位置，着力提升发展质量和效益，推动高质量发展。要着力解决不平衡不充分的发展问题，推动经济发展质量变革、效率变革、动力变革，推动经济实现质的有效提升和量的合理增长，增强经济竞争力、创新力、抗风险能力，使我国经济迈上更高质量、更有效率、更加公平、更可持续、更为安全的发展之路。

中国式现代化的本质要求。党的二十大报告从九个方面阐释了中国式现代化的本质要求，其中之一是"实现高质量发展"。高质量发展是体现新发展理念的发展，是创新成为第一动力、协调成为内生特点、绿色成为普遍形态、开放成为必由之路、共享成为根本目的的发展。推动高质量发展是根据我国发展阶段、发展环境、发展条件变化作出的科学判断，是对经济社会发展方方面面的总要求。要在坚持以经济建设为中心的同时，全面推进经济建设、政治建设、文化建设、社会建设、生态文明建设，使各领域都体现高质量发展的要求，促进现代化建设各个环节、各个方面协调发展。

促进共同富裕的现实需要。习近平总书记指出，要"在高质量发展中促进共同富裕"。共同富裕是中国特色社会主义的本质要求，是中国式现代化的重要特征。在我国社会主义制度下，既要不断解放和发展社会生产力，不断创造和积累社会财富，又要防止两极分化，切实推动人的全面发展、全体人民共同富裕取得更为明显的实质性进展。为此，首先要通过全国人民共同奋斗，持续推动高质量发展，把“蛋糕”做大做好，然后通过合理的制度安排正确处理增长和分配关系，把“蛋糕”切好分好。这是一个长期的历史过程，我们要向着这个目标更加积极有为地进行努力，让广大人民群众获得感、幸福感、安全感更加充实、更有保障、更可持续。

应对风险挑战的必然选择。习近平总书记指出：“国家安全是民族复兴的根基，社会稳定是国家强盛的前提。”当前，世界百年未有之大变局加速演进，世界进入新的动荡变革期。我国发展进入战略机遇和风险挑战并存、不确定难预料因素增多的时期，各种“黑天鹅”、“灰犀牛”事件随时可能发生。防范化解各类风险隐患，积极应对外部环境变化带来的冲击挑战，关键在于办好自己的事，提高发展质量，提高国际竞争力，增强国家综合实力和抵御风险能力，有效维护国家安全，实现经济行稳致远、社会和谐安定。

深刻把握推动高质量发展的优势和有利条件

党的十八大以来，在以习近平同志为核心的党中央坚强领导下，党和国家事业取得历史性成就、发生历史性变革，推动我国迈上全面建设社会主义现代化国家新征程。在新征程上着力推动高质量发展，我们具有多方面的优势和有利条件。

有中国共产党的坚强领导。中国特色社会主义最本质的特征是中国共产党领导，中国特色社会主义制度的最大优势是中国共产党领导，中国共产党是最高政治领导力量。新时代十年，我们之所以能够书写经济快速发展和社会长期稳定两大奇迹新篇章、取得今天这样的伟大成就，最根本的是有中国共产党的坚强领导。事实充分证明，中国共产党具有无比坚强的领导力、组织力、执行力，是团结带领人民攻坚克难、开拓前进最可靠的领导力量。坚决维护党中央权威和集中统一领导，把党的领导落实到党和国家事业各领域各方面各环节，使党始终成为风雨来袭时全体人民最可靠的主心骨，就能确保我国社会主义现代化建设正确方向，确保拥有团结奋斗的强大政治凝聚力、发展自信心，依靠团结奋斗书写高质量发展的新篇章。

有科学理论的指引。拥有马克思主义科学理论指导是我们党坚定信仰信念、把握历史主动的根本所在。中国共产党为什么能，中国特色社会主义为什么好，归根到底是马克思主义行，是中国化时代化的马克思主义行。党的十八大以来，我们党勇于进行理论探索和创新，以全新的视野深化对共产党执政规律、社会主义建设规律、人类社会发展规律的认识，取得重大理论创新成果，集中体现为习近平新时代中国特色社会主义思想。面对世界之变、时代之变、历史之变，坚持以习近平新时代中国特色社会主义思想为指导，把握好习近平新时代中国特色社会主义思想的世界观和方法论，坚持好、运用好贯穿其中的立场观点方法，就能有力有效推动高质量发展。

有更为坚实的物质基础和更为完善的制度保证。新时代十年来，在以习近平同志为核心的党中央坚强领导下，我国改革开放和社会主义现代化建设深入推进，我国发展具备了更为坚实的物质基础、更为完善的制度保证。经济实力实现历史性跃升，经济总量占世界经济比重从 11.3% 上升到 18.5%，稳居世界第二位；一些关键核心技术实现突破，战略性新兴产业发展壮大，进入创新型国家行列；制定并深入实施一系列具有全局性意义的区域重大战略，释放持续强劲的发展动能；实行更加积极主动的开放战略，共建“一带一路”成为深受欢迎的国际公共产品和国际合作平台，形成更大范围、更宽领域、更深层次对外开放格局；各领域基础性制度框架基本建立，中国特色社会主义制度更加成熟更加定型。实践充分证明，我国经济韧性强、潜力足、回旋余地广，长期向好的基本面不会改变，有条件有能力推动经济高质量发展取得新突破。

着力推动经济高质量发展取得新突破

党的二十大对推动高质量发展作出战略部署，要求构建高水平社会主义市场经济体制、建设现代化产业体系、全面推进乡村振兴、促进区域协调发展、推进高水平对外开放。我们要贯彻落实党的二十大精神和党中央决策部署，完整、准确、全面贯彻新发展理念，努力在以下几方面取得新成效，推动经济高质量发展取得新突破。

开辟发展新领域新赛道，不断塑造发展新动能新优势。教育、科技、人才是全面建设社会主义现代化国家的基础性、战略性支撑，要坚持科技是第一生产力、人才是第一资源、创新是第一动力，坚持教育优先发展、科技自立自强、人才引领驱动，深入实施科教兴国战略、人才强国战略、创新驱动发展战略。坚持创新在我国现代化建设全局中的核心地位，健全新型举国体制，强化国家战略科技力量，提升国家创新体系整体效能，形成具有全球竞争力的开放创新生态。加快实施创新驱动发展战略，加快实现高水平科技自立自强，以国家战略需求为导向，集聚力量进行原创性引领性科技攻关，坚决打赢关键核心技术攻坚战。深入实施人才强国战略，加快建设世界重要人才中心和创新高地，为高质量发展提供强大人才支撑。

坚持社会主义市场经济改革方向，进一步激发高质量发展的活力和潜能。改革是解放和发展社会生产力的关键，是推动国家发展的根本动力。要坚持和完善社会主义基本经济制度，坚持“两个毫不动摇”，充分发挥市场在资源配置中的决定性作用，更好发挥政府作用。完善分配制度，坚持按劳分配为主体、多种分配方式并存，坚持多劳多得，鼓励勤劳致富，促进机会公平，增加低收入者收入，扩大中等收入群体，规范收入分配秩序，规范财富积累机制，使人人都有通过勤奋劳动实现自身发展的机会。构建全国统一大市场，深化要素市场化改革，建设高标准市场体系。坚持尽力而为、量力而行，着力解决好人民群众急难愁盼问题，健全基本公共服务体系，提高公共服务水平，增强均衡性和可及性，扎实推进共同富裕。

坚持高水平对外开放，以高水平开放推动高质量发展。开放是当代中国的鲜明标识。中国坚持对外开放的基本国策，坚定奉行互利共赢的开放战略，不断以中国新发展为世界提供新机遇，推动建设开放型世界经济。要推进高水平对外开放，稳步扩大规则、规制、管理、标准等制度型开放，加快建设贸易强国，推动共建“一带一路”高质量发展，维护多元稳定的国际经济格局和经贸关系。坚持经济全球化正确方向，共同营造有利于发展的国际环境，共同培育全球发展新动能。同国际社会一道努力落实全球发展倡议、全球安全倡议，共同应对各种全球性挑战，携手推动构建人类命运共同体。

加快构建新发展格局，增强我国经济创新力和竞争力。构建新发展格局是适应我国发展新阶段要求、塑造国际合作和竞争新优势的必然选择，关键在于畅通经济循环，实现高水平自立自强，不断增强我国经济创新力和竞争力。要坚持以推动高质量发展为主题，把实施扩大内需战略同深化供给侧结构性改革有机结合起来，增强国内大循环内生动力和可靠性，提升国际循环质量和水平。建设现代化产业体系，坚持把发展经济的着力点放在实体经济上，推进新型工业化。全面推进乡村振兴，加快建设农业强国，确保中国人的饭碗牢牢端在自己手中。促进区域协调发展，优化重大生产力布局，构建优势互补、高质量发展的区域经济布局和国土空间体系。统筹发展和安全，坚定不移贯彻总体国家安全观，以新安全格局保障新发展格局，实现高质量发展与高水平安全良性互动。

（执笔：丁晋清）

（《人民日报》2022 年 11 月 16 日第 9 版）

牢牢把握高质量发展这个首要任务

江苏省习近平新时代中国特色社会主义思想研究中心

党的二十大科学谋划了未来一个时期党和国家事业发展的目标任务和大政方针，围绕加快构建新发展格局、着力推动高质量发展作出重大部署，为推动我国经济不断迈上新台阶、开创事业发展新局面指明了前进方向。习近平总书记在参加十四届全国人大一次会议江苏代表团审议时强调“高质量发展是全面建设社会主义现代化国家的首要任务”，明确提出“四个必须”重要要求。在十四届全国人大一次会议闭幕会上，习近平总书记再次指出：“在强国建设、民族复兴的新征程，我们要坚定不移推动高质量发展。”我们要深入学习贯彻习近平新时代中国特色社会主义思想和党的二十大精神，以新气象新作为推动高质量发展取得新成效。

我国经济迈上高质量发展之路

党的十八大以来，以习近平同志为核心的党中央对经济形势进行科学判断，对发展理念和思路作出及时调整，创造性地提出了一系列新理念新思想新战略，在实践中形成了习近平经济思想，系统回答了新时代中国经济“怎么看”“怎么干”等重大理论和实践问题，为新时代做好经济工作提供了根本遵循和行动指南。在习近平经济思想科学指引下，我们以高质量发展为主题、以供给侧结构性改革为主线，全面贯彻新发展理念，加快构建新发展格局，推动发展的平衡性协调性包容性持续提高，引领我国经济迈上更高质量、更有效率、更加公平、更可持续、更为安全的发展之路。

进入新时代以来，我们完成脱贫攻坚、全面建成小康社会的历史任务，实现第一个百年奋斗目标。国内生产总值增加到 121 万亿元，人均国内生产总值突破 1.2 万美元，进出口规模超过 40 万亿元，经济实力实现历史性跃升；全社会研发经费投入强度提高到 2.5% 以上，科技进步贡献率提高到 60% 以上，发明专利有效量位居世界第一，创新支撑发展能力不断增强；城乡居民收入增长与经济增长基本同步，建成世界上规模最大的教育体系、社会保障体系、医疗卫生体系；单位国内生产总值能耗、二氧化碳排放量均大幅下降，生态环境明显改善；共建“一带一路”扎实推进，与 151 个国家、32 个国际组织签署 200 余份共建“一带一路”合作文件。我国高质量发展不断迈出新步伐、取得新成效。

深入理解"四个必须"重要要求

发展是解决我国一切问题的总钥匙。没有坚实的物质技术基础，就不可能全面建成社会主义现代化强国。习近平总书记明确提出的"四个必须"重要要求，是对新时代我国高质量发展实践经验的深刻总结，体现了我们党对经济社会发展规律认识的深化，丰富发展了习近平经济思想，为新时代新征程推动高质量发展指明了前进方向、提供了重要遵循。

必须完整、准确、全面贯彻新发展理念。新发展理念回答了关于发展的目的、动力、方式、路径等一系列理论和实践问题，阐明了我们党关于发展的政治立场、价值导向、发展模式、发展道路等重大政治问题。党的十八大以来，我国经济实力实现历史性跃升，充分证明新发展理念是指挥棒、红绿灯，是我国新时代发展思路、发展方向、发展着力点的集中体现，是管全局、管根本、管长远的导向。当前，世界之变、时代之变、历史之变正以前所未有的方式展开，我国发展不平衡不充分问题仍然突出。我们必须把发展质量问题摆在更为突出的位置，着力提升发展质量和效益，始终以创新、协调、绿色、开放、共享的内在统一来把握发展、衡量发展、推动发展，推动经济发展质量变革、效率变革、动力变革。

必须更好统筹质的有效提升和量的合理增长。经济发展是质和量的有机统一，质的提升为量的增长提供持续动力，量的增长为质的提升提供重要基础。党的十八大以来，我国经济发展在质和量上取得历史性成就，总量翻了一番，结构进一步优化，发展新动能加快成长。新时代新阶段必须大力提高发展质量，持续激发经济发展内生动力，充分调动一切积极因素，实现量质齐升的高质量发展。这不是一时一地之举，而是贯穿全面建设社会主义现代化国家的整个过程。只有始终坚持质量第一、效益优先，大力增强质量意识，视质量为生命，以高质量为追求，才能推动经济实现质的有效提升和量的合理增长，不断做大做强中国经济，巩固社会主义现代化的物质技术基础。

必须坚定不移深化改革开放、深入转变发展方式。实践告诉我们，唯有全面深化改革、扩大对外开放，才能更好践行新发展理念，破解发展难题、增强发展活力、厚植发展优势。党的十八大以来，以习近平同志为核心的党中央推动更深层次改革、实行更高水平开放，转变发展方式取得决定性进展，经济质量效益和核心竞争力显著提高，为构建新发展格局提供了强大动力。当前，我国发展面临新的战略机遇、新的战略任务、新的战略阶段、新的战略要求、新的战略环境。面对改革发展稳定中不少躲不开、绕不过的深层次矛盾，面对前进道路上的风高浪急甚至惊涛骇浪，只有深入推进改革创新，坚定不移扩大开放，以效率变革、动力变革促进质量变革，加快形成可持续的高质量发展体制机制，才能不断增强经济创新力和竞争力，形成共同推动高质量发展的强大合力。

必须以满足人民日益增长的美好生活需要为出发点和落脚点。“凡治国之道，必先富民。”发展的最终目的是造福人民，必须让发展成果更多惠及全体人民。高质量发展是能够很好满足人民日益增长的美好生活需要的发展。党的十八大以来，以习近平同志为核心的党中央深入贯彻以人民为中心的发展思想，在高质量发展中保障和改善民生，在幼有所育、学有所教、劳有所得、病有所医、老有所养、住有所居、弱有所扶上持续用力，不断满足人民对美好生活的新期待。新征程上，要用心用情用力解决群众关心的就业、教育、社保、医疗、养老等实际问题，一件一件抓落实，一年接着一年干。只有坚持以人民为中心的发展思想，坚持发展为了人民、发展依靠人民、发展成果由人民共享，把发展成果不断转化为生活品质，才能不断增强人民群众的获得感、幸福感、安全感，让现代化建设成果更多更公平惠及全体人民。

以新气象新作为推动高质量发展取得新成效

新征程上，实现高质量发展关系我国社会主义现代化建设全局。我们要把思想和行动统一到习近平总书记重要讲话精神和党中央决策部署上来，贯彻落实“四个必须”重要要求，以新气象新作为推动高质量发展取得新成效。

加快实现高水平科技自立自强。习近平总书记指出：“加快实现高水平科技自立自强，是推动高质量发展的必由之路。”当前，世界百年未有之大变局加速演进，新一轮科技革命和产业变革深入发展，国际力量对比深刻调整。在激烈的国际竞争中开辟发展新领域新赛道、塑造发展新动能新优势，从根本上还是要依靠科技创新。必须坚持“四个面向”，加快实现高水平科技自立自强。加快实施创新驱动发展战略，强化重大科技创新平台建设，集聚力量进行原创性引领性科技攻关，打赢关键核心技术攻坚战。围绕产业链部署创新链，围绕创新链布局产业链，前瞻布局战略性新兴产业，培育发展未来产业，发展数字经济。强化企业主体地位，发挥科技型骨干企业引领支撑作用，推进创新链产业链资金链人才链深度融合。加强企业主导的产学研深度融合，强化目标导向，提高科技成果转化和产业化水平。深化科技体制改革，繁荣创新文化，弘扬科学家精神，在全社会形成鼓励、支持、参与创新的良好环境。

加快构建新发展格局。习近平总书记指出：“加快构建新发展格局，是推动高质量发展的战略基点。”这是事关全局的系统性、深层次变革，是立足当前、着眼长远的战略谋划。要把实施扩大内需战略同深化供给侧结构性改革有机结合起来，增强国内大循环内生动力和可靠性，提升国际循环质量和水平，加快建设现代化产业体系。坚持把发展经济的着力点放在实体经济上，推进新型工业化，加快建设制造强国、质量强国、航天强国、交通强国、网络强国、数字中国。按照构建高水平社会主义市场经济体制、推进高水平对外开放的要求，依托国内大循环吸引全球高质量的商品和资源要素，促进国内国际双循环更为畅通。推动共建“一带一路”高质量发展，稳步扩大规则、规制、管理、标准等制度型开放，维护多元稳定的国际经济格局和经贸关系。

加快推进农业现代化。习近平总书记指出：“农业强国是社会主义现代化强国的根基，推进农业现代化是实现高质量发展的必然要求。”建设社会主义现代化国家，最艰巨最繁重的任务仍然在农村。要全面推进乡村振兴，巩固拓展脱贫攻坚成果同乡村振兴有效衔接，全方位夯实粮食安全根基，确保中国人的饭碗牢牢端在自己手中。把产业振兴作为乡村振兴的重中之重，深入推进农村一二三产业深度融合，推动创业就业拓展空间，不断拓宽农民增收致富渠道。深化农村土地制度改革，巩固和完善农村基本经营制度，发展新型农村集体经济，发展新型农业经营主体和社会化服务，发展农村适度规模经营，为农业农村发展增动力、添活力。统筹乡村基础设施和公共服务体系建设，加快建设宜居宜业和美乡村。

聚焦人民幸福安康这个最终目的。习近平总书记指出：“人民幸福安康是推动高质量发展的最终目的。”基层治理事关人民群众切身利益。要健全基层党组织领导的基层群众自治机制，加强基层组织建设；完善正确处理新形势下人民内部矛盾机制，完善网格化管理、精细化服务、信息化支撑的基层治理平台，健全城乡社区治理体系，为人民群众提供家门口的优质服务和精细管理。基本民生保障事关困难群众衣食冷暖，是促进共同富裕、打造高品质生活的基础性工程。要紧紧抓住人民群众急难愁盼问题，健全基本公共服务体系，不断推动幼有所育、学有所教、劳有所得、病有所医、老有所养、住有所居、弱有所扶取得新进展；协同推进人民富裕、国家强盛、中国美丽，让良好生态环境成为人民生活的增长点；抓实抓细新阶段疫情防控各项工作，建强卫生健康服务体系。

（执笔：成长春）

（《人民日报》2023年3月28日第9版）

第四章

发展全过程人民民主

人民民主是全面建设社会主义现代化国家的应有之义

肖立辉

党的二十大报告把“发展全过程人民民主”作为中国式现代化本质要求的一个重要方面。人民民主是社会主义的生命，是全面建设社会主义现代化国家的应有之义。没有民主就没有社会主义，就没有社会主义现代化。全过程人民民主是社会主义民主政治的本质属性，是最广泛、最真实、最管用的民主。发展全过程人民民主既是推进中国式现代化的目标任务，也是其重要保障。我们要在推进中国式现代化中发展全过程人民民主，以全过程人民民主保障和推进中国式现代化。

全过程人民民主符合中国式现代化的内在规定性和本质属性

中国式现代化是中国共产党领导的社会主义现代化。习近平总书记强调：“这是对中国式现代化定性的话，是管总、管根本的。”中国式现代化既有各国现代化的共同特征，更有基于自身国情的中国特色。

中国式现代化的本质要求，体现和符合中国式现代化的内在规定性和本质属性，是实现中国共产党领导的社会主义现代化的必备条件和重要支撑。推进中国式现代化，在政治建设领域，就要发展全过程人民民主。全过程人民民主，是我们党团结带领人民追求民主、发展民主、实现民主的伟大创造，充分彰显社会主义国家性质，充分彰显人民主体地位，使人民当家作主更好体现在国家政治生活和社会生活之中。

为推进中国式现代化提供制度保障。民主是全人类的共同价值，是现代政治文明的鲜明特征。一个国家在现代化进程中，实现民主发展与政治稳定、社会进步良性互动，极其重要，也极为不易。其关键在于选对民主发展道路，探索出适合自身的民主形式。对于中国这样一个大国来说，坚持正确的民主发展道路，是关系根本的重大问题。中国共产党始终高举人民民主旗帜，为实现中国人民当家作主不懈探索和奋斗。全过程人民民主，是党和人民不断推进中国民主理论创新、制度创新、实践创新的经验结晶。作为一种新型现代政治文明，全过程人民民主扎根中华大地，符合中国国情，吸收人类政治文明优秀成果，具有深厚历史基础和现实基础，能够为我国政治建设的推进、民主政治的发展、政治文明的提升等提供强大动力，推动解决我国现代化进程中遇到的各种问题。经过长期发展，全过程人民民主形成一套完整的制度程序，包括人民民主专政的国体、人民代表大会制度的政体，中国共产党领导的多党合作和政治协商制度、民族区域自治制度、基层群众自治制度，最广泛的爱国统一战线等。全面、广泛、有机衔接的人民当家作主制度体系，有效保证人民当家作主，为推进中国式现代化提供坚实制度保障。

体现人自由而全面发展的要求。习近平总书记指出:“现代化的最终目标是实现人自由而全面的发展。”人民是现代化建设的重要参与者，也是现代化成果的享有者。推进中国式现代化，必须坚持人民的主体地位，切实保证人民当家作主。全过程人民民主坚持为了人民、依靠人民，以多样、畅通、有序的民主渠道，以具体现实的民主实践，保证人民广泛持续的政治参与，充分尊重和发挥人民主体地位和作用。从民主环节看，人民依法实行民主选举、民主协商、民主决策、民主管理、民主监督，参与到国家事务、经济文化事业、社会事务的管理之中。从民主平台看，人民可以通过信访平台、领导信箱、政务热线、网络留言板等，对关系自身利益的实际问题提出意见，并得到反馈和回应。发展全过程人民民主，使国家政治生活和社会生活各环节、各方面都体现人民意愿、听到人民声音，能够使现代化更好回应人民的诉求和需要，实现人民对美好生活的向往。

促进社会活力与秩序的动态平衡。一个国家从传统社会走向现代社会，往往伴随着社会结构、社会关系、社会心理等多方面的深刻变革。处理好活力与秩序的关系，是各国面临的共同难题。我们党领导人民发展全过程人民民主，能够将活力与秩序有机统一起来，实现二者的动态平衡。坚持和加强党的领导，是发展全过程人民民主的根本保证，能够在民主发展中实现政治稳定和秩序构建，实现治理的高效能和发展的高效率，是中国式现代化进程中秩序稳定的基石。全过程人民民主以全链条、全方位、全覆盖的特点和优势，实现有效的社会动员和有序的政治参与，确保人民群众畅通表达意见和诉求，激发人民群众的积极性、主动性、创造性，促进社会活力竞相迸发、充分涌流。发展全过程人民民主，为破解现代化进程中活力与秩序的难题提供了路径方案，确保中国式现代化在既充满活力又安定有序的良好环境中行稳致远。

巩固团结稳定的良好局面。近年来，一些国家的政党和利益集团为各自利益相互倾轧，在国家事务决策上相互否决，造成社会撕裂、政治极化。我国发展全过程人民民主，把选举民主和协商民主结合起来，把民主选举、民主协商、民主决策、民主管理、民主监督贯通起来，通过就重大问题和决策在人民内部各方面广泛商量，找到最大公约数，画出最大同心圆，尽可能就共同性问题取得一致意见，把党的主张、国家意志、人民意愿紧密融合在一起，实现各方面意志和利益的协调统一，实现各方面在共同思想、共同利益、共同目标基础上的团结一致。坚持大团结大联合，通过发展充满活力的政党关系、民族关系、宗教关系、阶层关系、海内外同胞关系，促进社会各界的团结，增强社会的凝聚力和向心力，广泛汇聚全社会推进中国式现代化的智慧和力量。

在推进中国式现代化中发展全过程人民民主

我国民主建设植根于我国具体国情和历史文化传统，随着现代化进程的推进不断拓展和深化。改革开放后，我国大力解放和发展社会生产力，实现了从生产力相对落后的状况到经济总量跃居世界第二的历史性突破，社会主义现代化建设取得的巨大成就为我国民主发展奠定了坚实经济基础和物质保障。伴随现代化进程，党领导人民坚定不移推进社会主义民主法治建设，成功开辟和坚持中国特色社会主义政治发展道路。我们党正确把握民主和发展的关系，在现代化建设基础上发展民主，以民主发展促进现代化建设，实现民主发展和现代化建设的互促共进。

民主是社会主义始终高扬的旗帜。社会主义愈发展，民主愈发展。党的十八大以来，我们党在已有基础上继续推进现代化建设，不断实现理论和实践上的创新突破，成功推进和拓展了中国式现代化。我们党立足我国发展新的历史方位，积极回应现代化进程中人民对民主法治、公平正义的新要求新期待，深化对民主政治发展规律的认识，提出全过程人民民主重大理念并全面推进，我国的民主发展进入历史新时期。中国式现代化的有力推进，为全过程人民民主重大理念的提出奠定坚实实践基础，也为全过程人民民主的继续发展开辟广阔空间。党的二十大报告在部署未来五年我国发展主要目标任务时提出："全过程人民民主制度化、规范化、程序化水平进一步提高"；在部署到二〇三五年我国发展的总体目标时提出："全过程人民民主制度更加健全"。新征程上发展全过程人民民主，要服从和服务于中国式现代化大局和整体安排，按照党的二十大报告的重要部署，从中国式现代化的顶层设计出发，聚焦解决中国式现代化建设的关键问题，切实保障人民当家作主，为整体推进中国式现代化各项事业凝聚力量。

中国式现代化是物质文明、政治文明、精神文明、社会文明、生态文明协调发展的现代化。在推进中国式现代化中发展全过程人民民主，要注重与其他领域建设的良性互动。增强全过程人民民主的系统性、规范性，发展机制更加健全、保障更加有力、运行更加顺畅的民主。推动全过程人民民主贯穿经济建设、政治建设、文化建设、社会建设、生态文明建设各个领域，覆盖国家政治生活和社会生活各个环节，把人民当家作主具体地、现实地体现到党治国理政的政策措施上来，具体地、现实地体现到党和国家机关各个方面各个层级工作上来，具体地、现实地体现到实现人民对美好生活向往的工作上来。

以全过程人民民主保障和推进中国式现代化

习近平总书记强调："发展社会主义民主政治关键是要把我国社会主义民主政治的特点和优势充分发挥出来"。要不断推进社会主义民主政治制度化、规范化、程序化，充分体现人民意志、保障人民权益、激发人民创造活力，建设更高水平社会主义政治文明，为加快推进中国式现代化汇聚磅礴力量。

加强党对发展全过程人民民主的领导。中国共产党的领导，就是支持和保证人民实现当家作主。要坚持党总揽全局、协调各方的领导核心作用，坚决维护党中央权威和集中统一领导，保证党领导人民有效治理国家，保证全过程人民民主的原则理念、目标任务、规范要求等切实贯彻到国家政治生活和社会生活的方方面面。

坚定发展全过程人民民主的自信自觉。全过程人民民主之所以能展现巨大效能和蓬勃生命力，根本在于这条民主道路符合中国国情，能够让中国人民过上好日子。我们要增强走中国特色社会主义政治发展道路的战略定力，积极吸收借鉴人类政治文明的一切有益成果，但决不照搬照抄别国政治制度，时刻警惕和防范西方所谓"宪政民主""三权分立"等错误思潮的侵蚀，不断发展具有强大生命力的社会主义民主政治。

健全全过程人民民主的制度体系。坚持和完善我国根本政治制度、基本政治制度、重要政治制度，注重各项制度的有机衔接、协调运转，切实把民主制度的功能、优势、作用充分发挥出来。完善接地气、察民情、聚民智、惠民生的制度机制，如人大代表联系群众制度机制、政协委员联系界别群众制度机制等，畅通民主建设"最后一公里"，更好做到民有所呼、我有所应。

拓展全过程人民民主的形式和渠道。丰富全过程人民民主的参与实践，拓展民主渠道，创新民主形式，不断拓展民主参与的广度和深度。提升全过程人民民主运行的数字化、智能化水平，将现代信息技术有机融入民主选举、民主协商、民主决策、民主管理、民主监督的具体实施过程，搭建更加便民、更加多样的参与渠道和方式，进一步提升全过程人民民主的运行效率。

（《人民日报》2023 年 7 月 21 日第 9 版）

凝聚团结奋斗的共识和力量

邢邦志

习近平总书记强调："我们党深刻认识到中国式现代化是亿万人民自己的事业，人民是中国式现代化的主体，必须紧紧依靠人民，尊重人民创造精神，汇集全体人民的智慧和力量，才能推动中国式现代化不断向前发展。"人民是历史的创造者，是推进现代化最坚实的根基、最深厚的力量。全过程人民民主坚持人民主体地位，始终把人民的利益放在第一位，充分调动起人民的主观能动性，使全体人民心往一处想、劲往一处使，共同为实现全面建成社会主义现代化强国的目标努力拼搏。

发展全过程人民民主能够有力调动广大人民投身中国式现代化建设的主人翁精神。全过程人民民主，不仅具有广泛的参与主体，而且保障人民享有广泛的民主权利，是能够保证亿万人民当家作主的最广泛、最真实、最管用的民主。我国宪法规定："中华人民共和国的一切权力属于人民""人民依照法律规定，通过各种途径和形式，管理国家事务，管理经济和文化事业，管理社会事务"。全过程人民民主确保国家权力为全体人民所平等享有。以民主选举为例，从 2021 年上半年陆续开展到 2022 年 6 月底全面完成的县乡两级人大换届选举，涉及选民 10.64 亿，是最广泛、最生动的民主实践。在我国，人民依法享有选举权和被选举权，享有对国家和社会事务的知情权、参与权、表达权、监督权，在经济、政治、文化、社会、环境等各个方面拥有充分的民主权利，并且随着时代的发展，人民享有权利的内涵不断丰富、外延不断拓展。广大人民是国家、社会和自己命运的主人，既为自己也为国家、民族拼搏奋斗，既为现代化建设出力也共享现代化成果，人民参与社会主义现代化建设的积极性、主动性、创造性被充分调动起来。

发展全过程人民民主能够有序推动广大人民广泛持续参与中国式现代化建设。全过程人民民主具有丰富民主形式、多样民主渠道，人民的参与广泛持续。从国家发展的顶层设计、社会公共事务的管理，到身边实际问题的解决，人民都参与进来，表达意见和诉求。国家政治生活、社会生活各方面各环节都能听到人民声音，人民意愿通过法定程序转化为党和国家的方针政策、转化为具体生动实践，人民有序参与到中国式现代化这一伟大事业中。比如，在“十四五”规划建议稿起草过程中，党中央向广大人民群众和社会各界公开征求意见，并在网络平台开通建言专栏，网上征求意见累计收到超过 100 多万条建言，一些建议以不同方式被吸收采纳。人民在基层生活中，摸索创造了诸如“民情直通车”“小院议事厅”“线上议事群”等民主形式。人们通过这些接地气、聚人气的民主形式，参与到涉及自身利益的实际问题解决中，民主实践融入人们的日常工作和生活，整个社会充满生机和活力。

发展全过程人民民主能够有效凝聚推进中国式现代化的共识和力量。人心是最大的政治，共识是奋进的动力。团结奋斗才能成就伟业。全过程人民民主把选举民主和协商民主这两种重要民主形式结合起来，把握民主真谛，发展协商民主，坚持有事好商量、众人的事由众人商量，发扬民主、集思广益，统一思想、凝聚共识。发挥人民政协专门协商机构作用，有效组织各党派、各团体、各民族、各阶层、各界人士共商国是，在协商中促进广泛团结、推进多党合作、实践人民民主。全过程人民民主实现各方面意志和利益的协调统一，实现各方面在共同思想、共同利益、共同目标基础上的团结一致，最大限度调动一切积极因素，团结一切可以团结的人，使得党、国家和人民成为目标相同、利益一致、相互交融、同心同向的有机整体，为实现伟大梦想而团结奋斗。

我国用几十年时间走完发达国家几百年走过的工业化历程，在取得巨大经济发展成就的同时保持社会长期和谐稳定。我们何以能创造人间奇迹？全过程人民民主凝聚的强大团结之力、发展之力，是一个重要“密码”。在推进中国式现代化进程中，我们要战胜前进道路上的种种风险挑战，不断实现新的发展、新的突破，就要凝聚起 14 亿多人民的磅礴力量。要坚持党的领导、人民当家作主、依法治国有机统一，健全全面、广泛、有机衔接的人民当家作主制度体系，拓展多样、畅通、有序的民主渠道，从各层次各领域扩大人民有序政治参与，巩固和发展生动活泼、安定团结的政治局面。以全过程人民民主的发展充分激发、凝聚全体中国人民的积极性、主动性、创造性，推动中国式现代化美好愿景一步步变成现实。

（《人民日报》2023 年 7 月 21 日第 9 版）

为中国式现代化建设夯实基层基础

让基层民主焕发更旺盛活力

曹海军

欲筑室者，先治其基。党的二十大报告作出“积极发展基层民主”的重要部署。广大人民群众最直接的政治参与主要在基层，最直观的当家作主感受也主要在基层。基层民主是全过程人民民主的重要体现，能够充分彰显全过程人民民主的广泛性、真实性和有效性。只有积极发展基层民主，才能为中国式现代化建设夯实基层基础，提供源源不断的智慧和力量。

习近平总书记指出：“现代化的本质是人的现代化”。积极发展基层民主，体现中国式现代化坚持以人民为中心的发展思想，契合中国式现代化的中国特色。我国幅员辽阔、人口众多。巨大的人口数量，既是推进中国式现代化的强大动力，也带来了大国治理的复杂挑战。积极发展基层民主，能够更好构建起共建共治共享的社会治理共同体，最大范围凝聚共识，广泛汇聚推进中国式现代化的合力。中国式现代化着力促进全体人民共同富裕。实现这一目标，涉及对发展格局中利益分配关系的优化调整。积极发展基层民主，可以更好汇集群众意见，在协商中促进利益整合、增进发展共识，探索出更有利于促进共同富裕的实现路径。中国式现代化促进人的全面发展。具备更高的民主意识和民主能力，是人的全面发展的应有之义。积极发展基层民主，能够提高城乡社区群众自我管理、自我服务、自我教育、自我监督的能力和实效。中国式现代化走和平发展道路，维护世界和平与发展。国内安全稳定是统筹内部安全和外部安全、自身安全和共同安全的前提和基础。积极发展基层民主，能够不断增强基层社会吸纳多元意见、化解矛盾纠纷的能力，将矛盾纠纷化解在源头、化解在基层，更好促进基层社会和谐稳定，夯实国家安全和社会稳定的基层基础，从而更好以自身发展维护世界和平与发展。

党的十八大以来，我国基层民主创新创造十分活跃，基层民主活力进一步增强，许多好的经验做法上升为国家政策和制度，为发展全过程人民民主不断注入新动力。要围绕中国式现代化的目标要求，不断拓展基层民主渠道，创新基层民主形式，增强基层群众的民主意识和民主能力，推动建设人人有责、人人尽责、人人享有的基层治理共同体，让基层民主焕发更旺盛的活力。

坚持党建引领基层民主发展。党的领导是基层民主创新发展的根本保证。新时代以来，党中央先后出台和修订一系列党内法规，健全党全面领导基层治理的制度体系，夯实党在基层的群众基础。要始终坚持党对基层治理的全面领导，把党的领导贯穿基层治理全过程、各方面。持续提升基层党组织的凝聚力、向心力，把基层党组织建设成为宣传党的主张、领导基层民主、团结动员群众的坚强战斗堡垒。坚持新时代党的组织路线，创新基层民主活动方式和组织形式。提升基层党组织的工作能力，选优配强党组织带头人，增强党员干部的政治判断力、政治领悟力、政治执行力。

坚持制度保障基层民主发展。构建系统完备、科学规范、运行有效的制度体系，是创新发展基层民主的必然要求。《关于加强城乡社区协商的意见》《关于党的基层组织任期的意见》《关于加强基层治理体系和治理能力现代化建设的意见》等相关文件的印发实施，持续为基层放权、赋能、减负。要健全基层党组织领导的基层群众自治机制，完善基层直接民主制度体系和工作体系，将“两代表一委员”联系群众制度、办事公开制度、权力清单与负面清单制度等落实落细，为基层群众的民主参与提供有效保障。

坚持数字赋能基层民主发展。新时代以来，各地探索创造出多样化的基层智慧治理平台，为破解基层治理难题提供了更多更有效的途径，不断提升基层群众的获得感、幸福感、安全感。要以数字化技术为牵引，促进基层民主实践的数据化、智慧化、智能化。整合信息收集发布、网络在线服务、掌上电子办公、线上即时沟通、后台推送流转等多种功能，打造集实时“意见箱”、移动“档案室”、办事“便利店”、百姓“致富桥”等复合特性为一体的基层智慧治理平台，创新数字时代的基层民主实践。

（《人民日报》2023 年 7 月 21 日第 9 版）

链接阅读

在现代化新征程上发展全过程人民民主

包心鉴

人民民主是社会主义的生命，是全面建设社会主义现代化国家的应有之义。党的十八大以来，以习近平同志为核心的党中央深化对民主政治发展规律的认识，提出全过程人民民主的重大理念，丰富和发展了社会主义民主政治理论，为社会主义政治文明发展提供根本遵循。党的二十大报告提出“全过程人民民主是社会主义民主政治的本质属性”，将发展全过程人民民主作为中国式现代化的本质要求之一，深刻揭示了发展全过程人民民主在全面建设社会主义现代化国家新征程上的重大意义。我们要坚定不移走中国特色社会主义政治发展道路，扎实推进全过程人民民主，保障人民当家作主，为实现第二个百年奋斗目标和中华民族伟大复兴的中国梦筑牢民主基石、汇聚磅礴力量。

中国式现代化的本质要求之一

中国式现代化坚持以人民为中心，追求实现人的自由全面发展。因而，发展全过程人民民主成为中国式现代化的本质要求之一。全过程人民民主具有全链条、全方位、全覆盖的显著特征，是最广泛、最真实、最管用的民主。在当前全面建设社会主义现代化国家的关键时期，发展全过程人民民主具有重大意义。

不断满足人民美好生活需要的必然要求。进入新时代，人民对美好生活的向往更加强烈、需要日益广泛，不仅对物质文化生活提出了更高要求，而且在民主、法治、公平、正义、安全、环境等方面的要求日益增长。扎实推进全过程人民民主，能够更好满足广大人民群众在民主法治方面的需求，更好实现人民当家作主。我国全过程人民民主不仅有完整的制度程序，而且有完整的参与实践。全体人民依法实行民主选举、民主协商、民主决策、民主管理、民主监督，依法通过各种途径和形式管理国家事务，管理经济和文化事业，管理社会事务。不断满足人民美好生活需要，内在要求发展全过程人民民主，把人民当家作主具体地、现实地体现到党治国理政的政策措施上来，具体地、现实地体现到党和国家机关各个方面各个层级工作上来，具体地、现实地体现到实现人民对美好生活向往的工作上来。

充分发挥中国特色社会主义政治制度优越性的必然要求。习近平总书记指出："中国全过程人民民主基于中国国情和历史文化，体现人民意愿”。民主是全人类的共同价值，但实现民主没有固定的模式，各国国情不同，实现民主有多种方式，不可能千篇一律。我国全过程人民民主深深扎根于中国社会土壤中，是中国共产党领导人民百年奋斗的重大成果，是我国人民民主的最新发展，已经形成了全面、广泛、有机衔接的人民当家作主制度体系，构建了多样、畅通、有序的民主渠道。在全面建设社会主义现代化国家新征程上不断发展全过程人民民主，是充分发挥中国特色社会主义政治制度优越性的必然要求，将有力促进党和国家事业兴旺发达、长治久安。

锻造中国式现代化坚强领导核心的必然要求。中国式现代化是中国共产党领导的社会主义现代化，坚持和加强党的全面领导是中国式现代化必须牢牢把握的首要重大原则。习近平总书记深刻指出：“党的领导凝聚建设中国式现代化的磅礴力量，我们党坚持党的群众路线，坚持以人民为中心的发展思想，发展全过程人民民主，充分激发全体人民的主人翁精神。”人民是我们党执政的最大底气。中国共产党始终代表中国最广大人民的根本利益。党领导人民发展全过程人民民主，就是支持和保证人民当家作主，把体现人民利益、反映人民愿望、维护人民权益、增进人民福祉贯彻落实到党治国理政的各领域全过程。发展更加广泛、更加充分、更加健全的全过程人民民主，就是要保证把党关于全过程人民民主的价值理念、原则精神、目标任务以及运行程序、规范要求等落实到人民当家作主各环节，落实到人民群众参与国家和社会治理的具体实践中，保证党领导人民有效治理国家。

充分彰显全过程人民民主的鲜明特色

习近平总书记指出："中国式现代化蕴含的独特世界观、价值观、历史观、文明观、民主观、生态观等及其伟大实践，是对世界现代化理论和实践的重大创新。"在全面建设社会主义现代化国家新征程上，我们要继续完善全面、广泛、有机衔接的人民当家作主制度体系，从各层次各领域扩大人民有序政治参与，使各方面制度和国家治理更深刻地体现人民意志，更广泛地保障人民权益，充分彰显我国全过程人民民主的鲜明特色。

坚持以人民为中心发展全过程人民民主。以人民为中心是我们党的根本执政理念，坚持以人民为中心是新时代坚持和发展中国特色社会主义的一条基本方略。人民是发展全过程人民民主的出发点，要保障人民当家作主，持续增进人民福祉，不断实现人民对美好生活的向往。人民是发展全过程人民民主的根本依靠力量，要坚持人民主体地位，充分体现人民意志、保障人民权益、激发人民创造活力。通过发展全过程人民民主显著提升国家治理效能，使国家治理取得更大更好的治理成效，让人民当家作主不仅在过程上得到充分实现，而且在成果上得到充分体现，充分彰显民主的真实性。

坚持以问题为导向发展全过程人民民主。问题是时代的声音，人类社会就是在解决问题中前进的。今天我们所面临问题的复杂程度、解决问题的艰巨程度明显加大。我们要增强问题意识，聚焦实践遇到的新问题、改革发展稳定存在的深层次问题、人民群众急难愁盼问题、国际变局中的重大问题、党的建设面临的突出问题，不断提出真正解决问题的新理念新思路新办法。习近平总书记指出：“中国这么大，不同人会有不同诉求，对同一件事也会有不同看法，这很正常，要通过沟通协商凝聚共识。14 亿多中国人心往一处想、劲往一处使，同舟共济、众志成城，就没有干不成的事、迈不过的坎。”在解决问题中凝聚共识，在化解矛盾中增进团结，彰显全过程人民民主的有效性。

坚持以制度为载体发展全过程人民民主。全过程人民民主是社会主义民主政治的本质属性。发展全过程人民民主，就是要使各项制度更好体现人民意志、保障人民权益、激发人民创造，用制度体系保证人民当家作主。实践证明，我国的人民代表大会制度、中国共产党领导的多党合作和政治协商制度、民族区域自治制度、基层群众自治制度，确保发展全过程人民民主具有完整制度安排。我国全过程人民民主实现了过程民主和成果民主、程序民主和实质民主、直接民主和间接民主、人民民主和国家意志相统一，是全链条、全方位、全覆盖的民主，是最广泛、最真实、最管用的社会主义民主。

把选举民主和协商民主更好结合起来

习近平总书记强调：“人民通过选举、投票行使权利和人民内部各方面在重大决策之前进行充分协商，尽可能就共同性问题取得一致意见，是中国社会主义民主的两种重要形式。在中国，这两种民主形式不是相互替代、相互否定的，而是相互补充、相得益彰的，共同构成了中国社会主义民主政治的制度特点和优势。”中国的全过程人民民主，把民主选举、民主协商、民主决策、民主管理、民主监督各个环节贯通起来，把选举民主和协商民主这两个积极性都充分调动起来，让中国人民全程、有效、深入地表达自身利益诉求，参与国家政治生活。

发展和完善实现全过程人民民主的重要制度载体。习近平总书记指出：“人民代表大会制度是实现我国全过程人民民主的重要制度载体。”党的二十大报告提出：“支持和保证人民通过人民代表大会行使国家权力，保证各级人大都由民主选举产生、对人民负责、受人民监督。”人民代表大会制度作为根本政治制度，具有强大生命力和显著优越性，是符合中国国情和实际、体现社会主义国家性质、保证人民当家作主、保障实现中华民族伟大复兴的好制度。习近平总书记提出“六个必须坚持”，即必须坚持中国共产党领导，必须坚持用制度体系保障人民当家作主，必须坚持全面依法治国，必须坚持民主集中制，必须坚持中国特色社会主义政治发展道路，必须坚持推进国家治理体系和治理能力现代化，为新时代坚持和完善人民代表大会制度、做好人大工作提供了根本遵循。新征程上，必须进一步发展完善人民代表大会制度，把党中央关于发展全过程人民民主的工作部署和各项举措落实到人大立法、监督、代表等工作中，不断扩大人民有序政治参与，保证人民依法享有广泛权利和自由。

发展和完善协商民主这一重要形式。习近平总书记在党的二十大报告中强调，协商民主是实践全过程人民民主的重要形式，并对全面发展协商民主作出战略部署。社会主义协商民主是实现党的领导的重要方式，是党领导人民有效治理国家、保证人民当家作主的重要制度设计，是我国社会主义民主政治的特有形式和独特优势。在中国社会主义制度下，有事好商量，众人的事情由众人商量，找到全社会意愿和要求的最大公约数，是人民民主的真谛。协商民主深深嵌入中国社会主义民主政治全过程，丰富了民主的形式，拓展了民主的渠道，加深了民主的内涵。全面发展协商民主，关键在于贯彻发展全过程人民民主的理念和要求，切实推进协商民主广泛多层制度化发展。要统筹推进政党协商、人大协商、政府协商、政协协商、人民团体协商、基层协商以及社会组织协商，突出工作重点，形成整体效能。把选举民主和协商民主这两种重要民主形式更好结合起来，实现最广大人民的广泛持续参与，让民主实践融入人们的日常工作和生产生活。

（《人民日报》2023 年 3 月 16 日第 13 版）

第五章

丰富人民精神世界

不断丰富人民精神世界

山东省习近平新时代中国特色社会主义思想研究中心

中国式现代化是强国建设、民族复兴的康庄大道。习近平总书记所作的党的二十大报告将“丰富人民精神世界”作为中国式现代化的本质要求之一。丰富人民精神世界这一本质要求，彰显我们党坚持以人民为中心的发展思想，强调精神文明和精神力量对于中国式现代化的重要意义，为我们把精神文明建设贯穿推进和拓展中国式现代化全过程、融入社会生活各方面指明了前进方向、提供了根本遵循。

丰富人民精神世界是推进和拓展中国式现代化的必然要求

强大的物质基础和人的物质生活资料的丰富是现代化的题中应有之义，但如果人只追求物质享受、没有健康的精神追求和丰富的精神生活，就会成为社会学家描述的那种“单向度的人”。习近平总书记指出：“物质富足、精神富有是社会主义现代化的根本要求。”中国式现代化展现了不同于西方现代化模式的新图景，其中的一个重要方面就是我们在促进物的全面丰富的同时，也在促进人的全面发展。推进和拓展中国式现代化，必然要求丰富人民精神世界。

以中国式现代化全面推进中华民族伟大复兴的内在需要。一个民族的复兴需要强大的物质力量，也需要强大的精神力量。习近平总书记指出："实现中国梦，是物质文明和精神文明比翼双飞的发展过程""没有文化的繁荣兴盛，就没有中华民族伟大复兴"。历史和实践证明，一个国家和民族要自立于世界民族之林，必须有先进文化的积极引领、人民精神世界的极大丰富和民族精神力量的不断增强。中国特色社会主义文化积淀着中华民族最深层的精神追求，代表着中华民族独特的精神标识，是中国人民胜利前行的强大精神力量。在全面建设社会主义现代化国家新征程上，能否发展好面向现代化、面向世界、面向未来的，民族的科学的大众的社会主义文化，能否丰富人民精神世界以提供强大精神力量，关乎民族复兴大业成败。党的十八大以来，我们党把人民对美好生活的向往作为奋斗目标。美好生活既包括物质生活，也包括精神生活。人民群众物质生活和精神生活的协调发展，在新时代不断取得新进展。丰富人民精神世界，是人民对美好生活向往的内在体现、基本向度，是标注中国式现代化水平的关键要素。只有不断丰富人民精神世界，才能以中国式现代化全面推进中华民族伟大复兴。

实现人的全面发展的必然要求。人民是历史的创造者，是推进现代化最坚实的根基、最深厚的力量。习近平总书记指出："现代化的最终目标是实现人自由而全面的发展。"人类社会发展到一定阶段，必然要求人们精神生活更加丰富和精神素质大幅提升。精神富有既是人类文明发展的必然产物，也是推动社会文明进步的必要途径。中国式现代化是中国共产党领导的社会主义现代化，中国共产党的最高理想和最终目标是实现共产主义，而共产主义就是要实现人的自由而全面的发展。因此，在中国共产党领导下建设的社会主义现代化强国，不仅要在物质上强，更要在精神上强。我们推进和拓展的中国式现代化始终把促进人的全面发展作为目标指向，将物质文明的发展与精神文明的进步统一起来。中国式现代化是摒弃了西方物质主义膨胀的现代化，展现了现代化的另一幅图景，是既见物又见人的现代化。将丰富人民精神世界作为中国式现代化的本质要求之一，既体现人民精神富足的内涵和要求，也揭示实现人民精神富足的方式和途径，更是实现人的全面发展的必然要求。

新时代文化建设取得历史性成就、发生历史性变革，为新征程上丰富人民精神世界奠定了坚实基础

党的十八大以来，以习近平同志为核心的党中央在领导党和人民推进治国理政的实践中，把文化建设摆在全局工作的重要位置。我国文化建设在正本清源、守正创新中取得历史性成就、发生历史性变革，全党全国各族人民的文化自信明显增强、精神面貌更加奋发昂扬，全社会凝聚力和向心力极大提升，为新征程上丰富人民精神世界奠定了坚实基础。

丰富人民精神世界有了科学指南。在人民精神世界中，思想理论具有精神奠基和方向统领的导航作用。马克思主义是我们立党立国、兴党兴国的根本指导思想。在一百多年的奋斗征程中，我们党在不断推进马克思主义中国化时代化的同时，也注重以党的创新理论武装全党、教育人民。在推进新时代中国特色社会主义伟大实践中创立的习近平新时代中国特色社会主义思想，是当代中国马克思主义、二十一世纪马克思主义，是中华文化和中国精神的时代精华，开辟了马克思主义中国化时代化新境界。这一重要思想不但是全党全国人民为实现中华民族伟大复兴而奋斗的行动指南，而且是为人民所喜爱、所认同、所拥有的理论，是指导人民认识世界和改造世界的强大思想武器，是新征程上丰富人民精神世界的科学指南。

丰富人民精神世界有了更高起点。党的十八大以来，以习近平同志为核心的党中央把文化建设提升到一个新的历史高度，把文化自信和道路自信、理论自信、制度自信并列为中国特色社会主义“四个自信”，把坚持马克思主义在意识形态领域指导地位的制度确立为中国特色社会主义制度体系的一项根本制度，把坚持社会主义核心价值体系纳入新时代坚持和发展中国特色社会主义的基本方略。同时，在推进中国特色社会主义伟大事业中，我们党把文化建设作为统筹推进“五位一体”总体布局、协调推进“四个全面”战略布局的重要内容，作为推动高质量发展的重要支点，作为满足人民日益增长的美好生活需要的重要因素，作为战胜前进道路上各种风险挑战的重要力量源泉。精神文明建设是文化建设的重要组成部分，正是因为文化建设达到了新的历史高度，中国式现代化要实现的人民精神世界更加丰富才有了更高起点。

丰富人民精神世界有了充沛养分。中华优秀传统文化是中华文明的智慧结晶和精华所在，是中华民族的根和魂。中华优秀传统文化蕴含的思想观念、人文精神、道德规范是我们中国人思想和精神的内核，不论过去还是现在，都有其永不褪色的价值。党的十八大以来，以习近平同志为核心的党中央强调中华优秀传统文化是中华民族的突出优势，是我们在世界文化激荡中站稳脚跟的根基，要求我们必须结合新的时代条件把中华优秀传统文化传承和弘扬好。新时代十年，中华优秀传统文化得到创造性转化、创新性发展，同社会主义社会更相适应，中国精神、中国价值、中国力量也得以更好构筑。焕发新的生命力的中华优秀传统文化，为新征程上丰富人民精神世界提供了充沛养分。

在推进和拓展中国式现代化的历史进程中
不断丰富人民精神世界

丰富人民精神世界不仅是重大理论课题，也是具有鲜明时代指向的实践课题。在推进和拓展中国式现代化的历史进程中，我们要围绕举旗帜、聚民心、育新人、兴文化、展形象大力推进社会主义文化强国建设，不断丰富人民精神世界。

坚持固本培元。中国特色社会主义文化是激励全党全国各族人民奋勇前进的强大精神力量，源自于中华民族五千多年文明历史所孕育的中华优秀传统文化，熔铸于党领导人民在革命、建设、改革中创造的革命文化和社会主义先进文化，植根于中国特色社会主义伟大实践。在推进和拓展中国式现代化的历史进程中，我们要坚持以习近平新时代中国特色社会主义思想为指导，坚守中华文化立场，推动中华优秀传统文化创造性转化、创新性发展，继承革命文化，发展社会主义先进文化，不忘本来、吸收外来、面向未来，不断培育和创造新时代中国特色社会主义文化，为人民提供精神指引。

坚持守正创新。守正才能不迷失方向、不犯颠覆性错误，创新才能把握时代、引领时代。在推进和拓展中国式现代化的历史进程中，我们要坚持中国特色社会主义文化发展道路不动摇，以守正创新的正气和锐气赓续历史文脉、谱写当代华章，使新时代中国特色社会主义文化与人民群众的精神世界相融相通，并以其特有的价值追求和人文关怀不断丰富人民精神世界。

坚持凝魂聚气。核心价值观承载着一个民族、一个国家的精神追求，体现着一个社会评判是非曲直的价值标准。在推进和拓展中国式现代化的历史进程中，要把培育和践行社会主义核心价值观作为凝魂聚气、强基固本的基础工程，作为一项根本任务，使之像空气一样无处不在、无时不有，成为全体人民的共同价值追求，成为我们生而为中国人的独特精神支柱，成为百姓日用而不觉的行为准则，弘扬中国精神、彰显中国价值、凝聚中国力量，从而不断丰富人民精神世界。

坚持提升品质。丰富人民精神世界需要现实的物质载体。满足人民日益增长的高品质文化产品和服务需要，必须不断提升文化产品和服务的档次与质量。在推进和拓展中国式现代化的历史进程中，要着力提升文化产品的品质质量、审美趣味和精神境界，健全现代公共文化服务体系，不断提高公共文化服务水平。同时注意文化赋能，提升文化产业整体品质，推出更多增强人民精神力量的优秀作品，不断满足人民群众多方面、多层次、多样性的精神文化需求。

（执笔：林学启）

（《人民日报》2023年7月28日第9版）

增强人民精神力量

楚国清

人无精神则不立，国无精神则不强。精神是一个民族赖以长久生存的灵魂，唯有精神上达到一定的高度，这个民族才能在历史的洪流中屹立不倒、奋勇向前。物质贫困不是社会主义，精神贫乏也不是社会主义。中国式现代化既要实现物质财富极大丰富，也要实现精神财富极大丰富，在思想文化上自信自强。习近平总书记所作的党的二十大报告，把“丰富人民精神世界”作为中国式现代化的本质要求之一，充分彰显了丰富人民精神世界、增强人民精神力量对于推进和拓展中国式现代化的重大意义。

让团结奋斗的共同思想基础更加巩固。习近平总书记强调：“我们生而为中国人，最根本的是我们有中国人的独特精神世界”。如果没有自己的精神独立性，那政治、思想、文化、制度等方面的独立性就会被釜底抽薪。中国式现代化把丰富人民精神世界作为本质要求之一，就是因为丰富精神世界承载着新时代人民群众对美好生活的向往和期盼，体现着我们党对满足人民群众日益增长的精神文化需求的高度重视，彰显着不断巩固全党全国人民团结奋斗的共同思想基础的目标指向。新时代以来，我们确立和坚持马克思主义在意识形态领域指导地位的根本制度，坚持不懈用习近平新时代中国特色社会主义思想凝心铸魂，大力加强社会主义精神文明建设，推动社会主义文化繁荣兴盛，全党全国人民文化自信明显增强、精神面貌更加奋发昂扬、团结奋斗的共同思想基础更加巩固。团结凝聚力量，奋斗开创未来。历史和现实都表明，只有不断巩固团结奋斗的共同思想基础，才能凝聚各方力量，使全党全国人民心往一处想、劲往一处使。新时代新征程，我们要深入学习贯彻习近平新时代中国特色社会主义思想，推进文化自信自强，满足人民日益增长的精神文化需求，在丰富人民精神世界中凝聚最大社会共识、形成最强向心力，汇聚团结一心的磅礴之力。

让历史主动精神更加昂扬。习近平总书记强调："现代化不会从天上掉下来，而是要通过发扬历史主动精神干出来。"一百多年来，我们党铸就了以伟大建党精神为源头的中国共产党人精神谱系，中国人民在党的坚强领导下勇于担当、开拓进取、创新创造，这是中国共产党和中国人民不可战胜的强大精神力量。新时代以来，在以习近平同志为核心的党中央坚强领导下，精神世界愈加丰富的中国人民更加自信、自立、自强，中国人民的历史主动精神空前激发，创造活力空前迸发，防风险、迎挑战、抗打压的志气、骨气、底气空前增强，焕发出前所未有的历史主动精神、历史创造精神。新时代新征程，我们要进一步弘扬历史主动精神，牢牢掌握历史主动，充分激发人民群众的开拓进取精神，知难而进、迎难而上，大胆探索、勇于创新，把亿万群众的智慧和力量凝聚到强国建设、民族复兴的伟大实践中，以更为主动的精神力量战胜前进道路上的各种困难和挑战，激励中国人民不断攻坚克难，继续从胜利走向新的胜利。

让共同价值追求更加彰显。习近平总书记强调：“我们要在全社会大力弘扬和践行社会主义核心价值观，使之像空气一样无处不在、无时不有，成为全体人民的共同价值追求，成为我们生而为中国人的独特精神支柱，成为百姓日用而不觉的行为准则。”在人的精神世界里，价值观念是核心内容，是起引领作用的。文化的影响力，首先是价值观念的影响力。社会主义核心价值观是当代中国精神的集中体现，凝结着全体中国人民共同的价值追求。在推进和拓展中国式现代化的历史进程中，我们要丰富人民精神世界，必须大力培育和弘扬社会主义核心价值观。培育和弘扬社会主义核心价值观，丰富人民精神世界，增强人民精神力量，是一项具有长期性、艰巨性、复杂性的系统工程，需要多管齐下、久久为功。其中，优秀文艺作品和文化产品最能吸引人、感染人、打动人，在潜移默化中影响人的价值观念。新时代新征程，我们要深化文化体制改革，健全现代公共文化服务体系，提升公共文化服务水平，在丰富人民群众精神文化生活中培育和弘扬社会主义核心价值观，不断增强人民精神力量。

（《人民日报》2023 年 7 月 28 日第 9 版）

彰显中国精神 凝聚中国力量
抓住社会主义核心价值观建设这个根本

唐军旗

中国式现代化是物质文明和精神文明相协调的现代化，既要实现物质财富极大丰富，也要实现精神财富极大丰富。“丰富人民精神世界”是中国式现代化的本质要求之一，贯彻落实这一本质要求，必须抓住社会主义核心价值观建设这个根本，强化社会主义核心价值观引领。

历史和现实都表明，核心价值观是一个国家的重要稳定器，能否构建具有强大感召力的核心价值观，关系社会和谐稳定，关系国家长治久安。社会主义核心价值观是凝聚人心、汇聚民力的强大力量，凝结着全体人民共同的价值追求。培育和践行社会主义核心价值观，是新时代坚持和发展中国特色社会主义的重大任务，也是提高人民思想境界、增强人民精神力量、让广大人民精神世界更加丰富的内在要求。丰富人民精神世界，需要发挥社会主义核心价值观的凝魂聚气、强基固本作用，发挥其对国民教育、精神文明创建、精神文化产品创作生产传播的引领作用，把社会主义核心价值观融入社会发展各方面，转化为人们的情感认同和行为习惯，更好彰显中国精神、凝聚中国力量。党的十八大以来，社会主义核心价值观建设深入推进，先进模范典型的示范作用充分发挥，群众性精神文明创建活动不断深化，新时代文明实践中心建设有序推进，社会主义核心价值观逐步内化为人们的精神追求、外化为人们的自觉行动，成为全国各族人民共同价值取向的最大公约数，成为当代中国精神的集中体现。可以说，社会主义核心价值观是我们生而为中国人的独特精神支柱，是凝聚中国力量的思想道德基础，为我们在世界文化激荡中保持民族精神独立、挺起民族精神脊梁提供强大支撑。

习近平总书记指出："一个民族、一个国家的核心价值观必须同这个民族、这个国家的历史文化相契合，同这个民族、这个国家的人民正在进行的奋斗相结合，同这个民族、这个国家需要解决的时代问题相适应。"一方面，社会主义核心价值观体现我国古圣先贤的思想、仁人志士的夙愿，同我国的历史文化相契合。中国文化源远流长，中华文明博大精深。社会主义核心价值观涵养于中华优秀传统文化，内含着中华优秀传统文化讲仁爱、重民本、守诚信、崇正义、尚和合、求大同等核心思想观念，深刻反映中国人民在长期生产生活中积累的宇宙观、天下观、社会观、道德观，具有深厚的历史文化根基，能够为丰富人民精神世界提供价值引领。另一方面，社会主义核心价值观寄托着我国各族人民对美好生活的向往，深刻体现全面建设社会主义现代化国家、全面推进中华民族伟大复兴所需要的时代精神。一个时代有一个时代的精神，一个时代有一个时代的价值观念。社会主义核心价值观扎根于中华优秀传统文化，同时深刻体现新时代的时代精神、价值观念，深刻回答在新时代我们要建设什么样的国家、建设什么样的社会、培育什么样的公民，同我们正在进行的奋斗相结合，同我们需要解决的时代问题相适应，因而具有坚实的现实基础，能够为丰富人民精神世界提供价值引领。只有大力培育和践行社会主义核心价值观，才能更好构筑中国精神、中国价值、中国力量，深刻体现丰富人民精神世界这一中国式现代化的本质要求。

全面建设社会主义现代化国家、全面推进中华民族伟大复兴，需要全国各族人民心往一处想、劲往一处使，需要全社会方方面面同心干。我们要进一步发挥社会主义核心价值观的引领作用，用共同理想信念凝聚民族意志，用中国精神激发中国力量。新时代新征程，培育和践行社会主义核心价值观，不断丰富人民精神世界，要用心用情“在人的心灵里搞建设”，久久为功、驰而不息，不断落细、落小、落实，使社会主义核心价值观“像空气一样无所不在、无时不有”。要弘扬以伟大建党精神为源头的中国共产党人精神谱系，用好红色资源，深入开展社会主义核心价值观宣传教育，深化爱国主义、集体主义、社会主义教育，持续抓好党史、新中国史、改革开放史、社会主义发展史宣传教育，引导人民知史爱党、知史爱国，不断坚定中国特色社会主义共同理想，坚定道路自信、理论自信、制度自信、文化自信，在思想上精神上紧紧团结在一起，用富有时代气息的中国精神凝聚中国力量。要强化对国民教育的引导，紧紧围绕立德树人根本任务，将培育和弘扬社会主义核心价值观融入思想道德教育、文化知识教育、社会实践教育各领域，贯穿到启蒙教育、基础教育、职业教育、高等教育各学段，体现到教育教学、教材出版、课程设计、校风学风建设各环节，体现到学校思想政治教育工作全过程。要加强对文化事业和文化产业的引领，以满足人民文化需求、增强人民精神力量为着力点，创作优秀文艺作品、提供优秀文化产品，大力繁荣发展文化事业和文化产业，为经济社会发展赋能、为实现中华民族伟大复兴的中国梦聚力。

（《人民日报》2023 年 7 月 28 日第 9 版）

链接阅读

增强实现中华民族伟大复兴的精神力量

王均伟

文化是一个国家、一个民族的灵魂。党的二十大之后的五年是全面建设社会主义现代化国家开局起步的关键时期。习近平总书记在党的二十大报告中把“人民精神文化生活更加丰富，中华民族凝聚力和中华文化影响力不断增强”作为未来五年我国发展的主要目标任务之一。这为新时代新征程推进文化自信自强、铸就社会主义文化新辉煌指明了前进方向。

对文化建设的前瞻性战略性部署

习近平总书记指出：“没有先进文化的积极引领，没有人民精神世界的极大丰富，没有民族精神力量的不断增强，一个国家、一个民族不可能屹立于世界民族之林。”文化是民族生存和发展的重要力量。

在漫长的历史长河中，中华民族从来不是一帆风顺的，遇到了无数艰难困苦，但我们都挺过来、走过来了，其中一个很重要的原因就是世世代代的中华儿女培育和发展了独具特色、博大精深的中华文化，为中华民族克服困难、生生不息提供了强大精神支撑。中华文化既坚守本根又不断与时俱进，使中华民族保持坚定的民族自信和强大的修复能力，形成共同的情感和价值、共同的理想和精神。同时，中华文明作为世界上唯一自古延续至今、从未中断的文明，为世界贡献了深刻的思想体系、丰富的科技文化艺术成果、独特的制度创造，深刻影响了世界文明进程。古往今来，中华民族之所以在世界有地位、有影响，靠的就是中华文化强大的感召力和吸引力。

党的十八大以来，以习近平同志为核心的党中央准确把握世界范围内思想文化相互激荡、我国社会思想观念深刻变化的趋势，在文化建设上采取一系列战略性举措，推进一系列变革性实践，实现一系列突破性进展，取得一系列标志性成果。我们党把文化自信和道路自信、理论自信、制度自信并列为中国特色社会主义“四个自信”，并明确文化自信“是更基础、更广泛、更深厚的自信，是一个国家、一个民族发展中最基本、最深沉、最持久的力量”，把文化建设提升到一个新的历史高度。新时代十年，我们确立和坚持马克思主义在意识形态领域指导地位的根本制度，习近平新时代中国特色社会主义思想深入人心，社会主义核心价值观广泛传播，中华优秀传统文化得到创造性转化、创新性发展，文化事业日益繁荣，网络生态持续向好，意识形态领域形势发生全局性、根本性转变。全党全国各族人民文化自信明显增强、精神面貌更加奋发昂扬，为新时代坚持和发展中国特色社会主义、开创党和国家事业全新局面提供了强大正能量，为实现中华民族伟大复兴提供了更为主动的精神力量。

在强国建设、民族复兴的新征程上，我们要充分认识到，文化是统筹推进“五位一体”总体布局、协调推进“四个全面”战略布局的重要内容，是推动高质量发展的重要支点，是满足人民日益增长的美好生活需要的重要因素，是战胜前进道路上各种风险挑战的重要力量源泉。当前，与人民对美好生活的向往相比、与世界第二大经济体的地位相比、与中华5000多年灿烂文明相比、与建设社会主义文化强国目标相比，我国文化建设还存在一定差距。今后五年是推进社会主义文化强国建设、推进文化自信自强、铸就社会主义文化新辉煌、不断满足人民对精神文化生活新期待的关键时期。在党的二十大报告中，习近平总书记把“人民精神文化生活更加丰富，中华民族凝聚力和中华文化影响力不断增强”作为未来五年我国发展的主要目标任务之一，并对“推进文化自信自强，铸就社会主义文化新辉煌”作出全面部署。这是根据新时代中国特色社会主义面临的新形势新任务，基于新时代中国特色社会主义文化发展的新实践新经验，对我国文化建设进行的前瞻性战略性部署。我们要以更强的担当、更大的力度、更实的举措，坚持马克思主义在意识形态领域的指导地位，坚守中华文化立场，坚持以社会主义核心价值观引领文化建设，加快建设社会主义文化强国的步伐。

为中国式现代化提供坚实文化支撑

在新中国成立特别是改革开放以来长期探索和实践基础上，经过党的十八大以来在理论和实践上的创新突破，我们党成功推进和拓展了中国式现代化。物质富足、精神富有是社会主义现代化的根本要求。习近平总书记指出："中国式现代化是物质文明和精神文明相协调的现代化。"我们要在不断厚植现代化物质基础、不断夯实人民幸福生活物质条件的同时，大力发展社会主义先进文化，加强理想信念教育，传承中华文明。在全面建设社会主义现代化国家开局起步的关键时期，要坚持把文化建设放在全局工作的突出位置，为中国式现代化提供更为牢固的思想引领、精神支撑、价值认同。

在思想引领上，习近平新时代中国特色社会主义思想为中国式现代化提供根本遵循。人民有信仰，国家有力量，民族有希望。习近平新时代中国特色社会主义思想是当代中国马克思主义、二十一世纪马克思主义，是中华文化和中国精神的时代精华，实现了马克思主义中国化时代化新的飞跃。在习近平新时代中国特色社会主义思想科学指引下，我们进一步深化对中国式现代化的内涵和本质的认识，概括形成中国式现代化的中国特色、本质要求和重大原则，提出推进中国式现代化需要处理好的若干重大关系，初步构建中国式现代化的理论体系。新时代新征程，我们要善于运用习近平新时代中国特色社会主义思想推进中国式现代化取得新进展、新突破，强化政治领导，丰富战略支撑，拓展实践路径，破解发展难题，激发动力活力，使中国式现代化的中国特色更加鲜明、优势更加彰显、前景更加光明。

在精神支撑上，中国特色社会主义文化为中国人民推进中国式现代化提供强大精神力量。文化是一个国家的软实力，是综合国力的重要组成部分。在5000多年文明发展中孕育的中华优秀传统文化，在党和人民伟大斗争中孕育的革命文化和社会主义先进文化，积淀着中华民族最深层的精神追求，代表着中华民族独特的精神标识，是中国人民胜利前行的强大精神力量。新时代新征程，我们要坚持中国特色社会主义文化发展道路，以社会主义核心价值观为引领，注重用社会主义先进文化、革命文化、中华优秀传统文化培根铸魂、启智润心，不断丰富人民精神世界、增强人民精神力量，充分利用好有自信自强的精神力量这一我国发展的战略性有利条件，巩固全党全国各族人民团结奋斗的共同思想基础，广泛凝聚起中华儿女团结奋斗推进中国式现代化的磅礴伟力。

在价值认同上，充分发挥中华文化重要作用，让中国式现代化更为可感可亲。中国式现代化深深植根于中华优秀传统文化，体现科学社会主义的先进本质，借鉴吸收一切人类优秀文明成果，代表人类文明进步的发展方向，展现了不同于西方现代化模式的新图景，是一种全新的人类文明形态。以中国特色社会主义文化来说明中国式现代化对世界的价值与意义、来展现中国为人类作出新的更大贡献的价值主张和行动方略，事关中国式现代化能否赢得更多国际认同、能否获得和平稳定的外部环境。新时代新征程，我们要讲好中国故事、传播好中国声音，以理服人、以情动人，让国外民众了解中国式现代化展现了现代化的另一幅图景，拓展了发展中国家走向现代化的路径选择，为人类文明进步提供了中国方案。

把创造文化精品作为文化建设的重要环节

党的二十大报告围绕举旗帜、聚民心、育新人、兴文化、展形象建设社会主义文化强国，提出了 5 个方面的具体目标任务，即建设具有强大凝聚力和引领力的社会主义意识形态、广泛践行社会主义核心价值观、提高全社会文明程度、繁荣发展文化事业和文化产业、增强中华文明传播力影响力。完成这些任务，最重要的是创造更多文化精品，不断为中华民族提供丰厚滋养、为世界文明贡献华彩篇章。

坚持以人民为中心。社会主义文化要为人民服务、为社会主义服务，文化建设成效如何，人民是最终评判者。创造文化精品要坚持以人民为中心，把满足人民日益增长的精神文化需求作为文化建设的出发点和落脚点。要坚持把社会效益放在首位、社会效益和经济效益相统一，深化文化体制改革，激发全民族文化创新创造活力，推动文化事业全面繁荣、文化产业快速发展，不断丰富人民精神世界、增强人民精神力量，不断增强文化整体实力和竞争力，朝着建设社会主义文化强国的目标不断前进。

坚持反映新时代的伟大变革、社会生活、精神风貌。伟大的文化精品都是时代的映射。当代中国正经历着我国历史上最为广泛而深刻的社会变革，也正在进行着人类历史上最为宏大而独特的实践创新。这种前无古人的伟大实践，给文化大发展大繁荣提供了强大动力和广阔空间。文化建设要充分汲取这个伟大时代提供的丰富营养，在强国建设、民族复兴的新征程上创造出无愧于我们这个伟大民族、伟大时代的文化精品，全方位全景式展现中国特色社会主义新时代的万千气象。

坚持天下情怀和民族特性相结合。文化建设要有雄心壮志，要创作更多反映全人类共同价值追求的优秀作品、塑造更多为世界所认知的当代中华文化形象。同时，要坚守中华文化立场，坚持文化的中华民族特性，在世界文化领域鲜明确立中国气派、中国风范。只有这样，才能有效抵御西方文化霸权，形成同我国综合国力和国际地位相匹配的国际话语权，在激烈的国际竞争中赢得更大主动。

（《人民日报》2023 年 5 月 12 日第 9 版）

第六章

实现全体人民共同富裕

在高质量发展中促进共同富裕

崔友平

党的二十大报告明确了中国式现代化的本质要求，其中一个重要方面是“实现全体人民共同富裕”，并提出到2035年“人的全面发展、全体人民共同富裕取得更为明显的实质性进展”。我们要深刻理解这一本质要求，坚持以推动高质量发展为主题，正确处理效率和公平的关系，朝着全体人民共同富裕的目标扎实迈进。

实现全体人民共同富裕是中国式现代化的一项本质要求

共同富裕包含生产力和生产关系两个方面的特征。“富裕”体现社会生产力的发展水平，表现为社会财富数量多；“共同”体现社会生产关系的性质，反映财富分配的结果。中国式现代化是中国共产党领导的社会主义现代化，深深植根于中华优秀传统文化，体现科学社会主义的先进本质，借鉴吸收一切人类优秀文明成果，坚持以人民为中心的发展思想，着力促进全体人民共同富裕。因此，实现全体人民共同富裕成为中国式现代化的一项本质要求。

实现全体人民共同富裕是马克思主义的奋斗目标。马克思、恩格斯在《共产党宣言》中阐明:“无产阶级的运动是绝大多数人的，为绝大多数人谋利益的独立的运动。”根据他们的构想，共产主义社会将彻底消除阶级之间、城乡之间、脑力劳动和体力劳动之间的对立和差别，实行各尽所能、按需分配，真正实现社会共享、实现每个人自由而全面的发展。在那里，“每个人的自由发展是一切人的自由发展的条件”“生产将以所有的人富裕为目的”“所有人共同享受大家创造出来的福利”。我们党是以马克思主义为指导的先进政党，为实现中国特色社会主义共同理想和共产主义远大理想而不懈奋斗，在推进中国式现代化进程中努力促进人的全面发展，朝着实现全体人民共同富裕不断迈进。

实现全体人民共同富裕是对中华优秀传统文化的弘扬和发展。共同富裕是自古以来我国人民的一个基本理想。中华优秀传统文化中包含丰富的关于小康、和谐、大同社会的思想。比如,《诗经》中的诗句“民亦劳止，汔可小康”反映了中国先人对美好生活的向往和追求;《礼记·礼运》描绘了“大同”社会的状态，管仲所言“仓廪实而知礼节，衣食足而知荣辱”说明了物质基础与文明进步的关系;《左传》中的“民生在勤，勤则不匮”强调勤劳奋斗的重要性;等等。我们党是中华优秀传统文化的忠实传承者和弘扬者，继承和发展中华优秀传统文化中关于小康、和谐、大同的思想，始终把消除贫困、改善民生、逐步实现共同富裕作为矢志不渝的奋斗目标。

实现全体人民共同富裕符合人类文明进步的发展方向。人民是历史的创造者，是推进现代化建设最坚实的根基、最深厚的力量。现代化道路最终能否走得通、行得稳，关键要看是否坚持以人民为中心。一些西方国家虽然实现了现代化，但却造成贫者愈贫、富者愈富，出现了贫富悬殊、两极分化，引发一系列社会矛盾。这样的现代化不符合人类社会发展规律，违背人类文明进步的发展方向。我们党领导人民推进的中国式现代化，摒弃并超越了西方以资本为中心的现代化、两极分化的现代化，坚守人民至上理念，突出现代化方向的人民性，锚定人民对美好生活的向往，顺应人民对文明进步的渴望，努力在做大“蛋糕”的同时分好“蛋糕”，逐步实现整体富裕、普遍富裕，让现代化更好回应人民各方面诉求和多层次需要。

共同富裕在我国社会主义现代化建设中从理想走向现实

新中国成立后特别是改革开放以来，我们党团结带领人民朝着实现共同富裕的目标不懈努力，实现了从生产力相对落后的状况到经济总量跃居世界第二的历史性突破，实现了人民生活从温饱不足到总体小康、奔向全面小康的历史性跨越。进入新时代，我们党团结带领人民，坚持以经济建设为中心、以造福人民为根本目的，全面推进经济建设、政治建设、文化建设、社会建设、生态文明建设，在全面建设社会主义现代化国家进程中推动共同富裕从理想走向现实。

推动共同富裕在认识上不断深入。新中国成立之初，毛泽东同志就提出了我国发展富强的目标，指出“这个富，是共同的富，这个强，是共同的强，大家都有份”。改革开放后，邓小平同志指出：“社会主义最大的优越性就是共同富裕”“我们的政策是让一部分人、一部分地区先富起来，以带动和帮助落后的地区”。江泽民同志强调：“实现共同富裕是社会主义的根本原则和本质特征，绝不能动摇。”胡锦涛同志指出：“使全体人民共享改革发展的成果，使全体人民朝着共同富裕的方向稳步前进”。进入新时代，我们党对共同富裕的认识进一步深化。习近平总书记指出：“共同富裕是全体人民共同富裕，是人民群众物质生活和精神生活都富裕，不是少数人的富裕，也不是整齐划一的平均主义”“实现共同富裕不仅是经济问题，而且是关系党的执政基础的重大政治问题”“让发展成果更多更公平惠及全体人民，不断促进人的全面发展，朝着实现全体人民共同富裕不断迈进”，等等。这些重要论述，为我们扎实推动共同富裕指明了前进方向。

推动共同富裕在实践中不断取得新成效。改革开放后，我们党深刻总结正反两方面历史经验，打破传统体制束缚，允许一部分地区、一部分人先富起来，推动解放和发展社会生产力，人民生活水平不断提高。进入新时代，我们踏上了创造美好生活、逐步实现全体人民共同富裕的新征程。我们党坚持把满足人民对美好生活的新期待作为发展的出发点和落脚点，把握发展阶段新变化，把逐步实现全体人民共同富裕摆在更加重要的位置上，推动区域协调发展，采取有力措施保障和改善民生，打赢脱贫攻坚战，全面建成小康社会，人民生活全方位改善，人民群众获得感、幸福感、安全感更加充实、更有保障、更可持续，共同富裕取得新成效。

努力促进全体人民共同富裕取得更为明显的实质性进展

党的二十大报告对“扎实推进共同富裕”作出重大部署，强调“增进民生福祉，提高人民生活品质”。习近平总书记指出：“当前中国的中心任务是以中国式现代化全面推进中华民族伟大复兴，实现高质量发展是首要任务，全体中国人民共同富裕是本质要求”。我们要贯彻落实习近平总书记重要讲话和党的二十大精神，在高质量发展中努力促进全体人民共同富裕取得更为明显的实质性进展。

坚持以人民为中心的发展思想。推动共同富裕需要坚持共享发展，必须坚持以人民为中心的发展思想。要牢记人民对美好生活的向往就是我们的奋斗目标，坚持发展为了人民、发展依靠人民、发展成果由人民共享，抓住人民最关心最直接最现实的利益问题，不断保障和改善民生，促进社会公平正义，在更高水平上实现幼有所育、学有所教、劳有所得、病有所医、老有所养、住有所居、弱有所扶。同时，持续提升百姓幸福感、社会融入度、工作满意度等，从多维度不断提高人民生活品质，不断促进人的全面发展，朝着实现全体人民共同富裕不断迈进。

为实现共同富裕奠定坚实物质基础。发展仍然是解决我国一切问题的基础和关键。没有发展，实现共同富裕就无从谈起。新时代新阶段的发展必须是高质量发展。只有推动转变经济发展方式、优化经济结构、转换增长动力，实现质量变革、效率变革、动力变革，才能为实现共同富裕奠定坚实物质基础。要把实施扩大内需战略同深化供给侧结构性改革有机结合起来，增强国内大循环内生动力和可靠性，提升国际循环质量和水平，加快建设现代化经济体系，着力提高全要素生产率，着力提升产业链供应链韧性和安全水平，着力推进城乡融合和区域协调发展，推动经济实现质的有效提升和量的合理增长。当前，要坚持稳中求进工作总基调，全面深化改革开放，加大宏观政策调控力度，着力扩大内需、提振信心、防范风险，推动经济运行持续好转、内生动力持续增强、社会预期持续改善、风险隐患持续化解。

充分发挥社会主义基本经济制度的保障作用。实现共同富裕的目标，不仅要通过全国人民共同奋斗把“蛋糕”做大做好，而且要通过合理的制度安排正确处理增长和分配的关系，把“蛋糕”切好分好。我国社会主义基本经济制度既有利于激发各类经营主体活力、解放和发展社会生产力，又有利于促进效率和公平有机统一、不断实现共同富裕。要处理好效率和公平的关系，构建初次分配、再分配、第三次分配协调配套的制度体系。坚持按劳分配为主体，提高劳动报酬在初次分配中的比重，完善按要素分配政策。发挥再分配的调节作用，加大税收、社保、转移支付等的调节力度，提高精准性。发挥好第三次分配作用，引导、支持有意愿有能力的企业和社会群体积极参与公益慈善事业。

完善有助于推动共同富裕的公共服务政策制度体系。推动共同富裕要坚持尽力而为、量力而行，贯彻落实党的二十大报告决策部署，特别是关于“健全基本公共服务体系，提高公共服务水平，增强均衡性和可及性”的要求，着力提升公共服务水平，在教育、医疗、养老、住房等人民群众最关心的领域精准提供基本公共服务，兜住困难群众基本生活底线，不吊高胃口、不空头许诺。

促进农民农村共同富裕。促进农民农村共同富裕，是实现全体人民共同富裕的难点和重点。要巩固拓展脱贫攻坚成果，确保不发生规模性返贫和新的致贫。全面推进乡村振兴，加快农业产业化，盘活农村资产，增加农民财产性收入，使更多农村居民勤劳致富。加强农村基础设施和公共服务体系建设，推进农村人居环境建设，通过全面推进乡村产业振兴、人才振兴、文化振兴、生态振兴、组织振兴，推动农业全面升级、农村全面进步、农民全面发展，实现共同富裕。

（《人民日报》2023 年 8 月 4 日第 9 版）

更加注重保障和改善民生

赵一红

民生是人民幸福之基、社会和谐之本。习近平总书记强调："要坚持以人民为中心，在发展中更加注重保障和改善民生，补齐民生短板，增进民生福祉，让各族人民实实在在感受到推进共同富裕在行动、在身边。"这为我们在新征程上保障和改善民生、推进全体人民共同富裕指明了前进方向。

治国有常，利民为本。带领人民创造幸福生活，是我们党始终不渝的奋斗目标。毛泽东同志早在1934年就指出："一切群众的实际生活问题，都是我们应当注意的问题。假如我们对这些问题注意了，解决了，满足了群众的需要，我们就真正成了群众生活的组织者，群众就会真正围绕在我们的周围，热烈地拥护我们。"新中国成立后特别是改革开放以来，我们党带领人民在解放和发展生产力的同时，不断促进全体人民共同富裕，人民生活发生了前所未有的变化。中国特色社会主义进入新时代，人民群众对美好生活的向往呈现多样化、多层次、多方面的特点，正在从"有没有"向"好不好"转变，从"注重量"

向“追求质”转变。适应这些新变化，我们党把增进民生福祉作为发展的根本目的，在幼有所育、学有所教、劳有所得、病有所医、老有所养、住有所居、弱有所扶上持续用力，推动改革发展成果更多更公平惠及全体人民，朝着实现全体人民共同富裕不断迈进。党的二十大擘画了全面建设社会主义现代化国家、以中国式现代化全面推进中华民族伟大复兴的宏伟蓝图，提出“必须坚持在发展中保障和改善民生，鼓励共同奋斗创造美好生活，不断实现人民对美好生活的向往”。

保障和改善民生是中国式现代化的题中应有之义。现代化的最终目标是实现人自由而全面的发展。中国式现代化不仅要创造更多的物质财富和精神财富，而且要实现全体人民物质富足、精神富有，激发全社会创造力，促进人的全面发展。保障和改善民生，着力解决关系人民群众切身利益的问题，让现代化更好回应人民各方面诉求和多层次需要，才能彰显中国式现代化的人民性。

保障和改善民生是推动高质量发展的重要基础。我国经济已由高速增长阶段转向高质量发展阶段，发展要求和发展条件都呈现新特征。高质量发展既是一个发展阶段，又是全面建设社会主义现代化国家的首要任务。推动高质量发展，离不开高素质劳动者。保障和改善民生，提高城乡居民收入，提升人力资本，调动全体人民积极性主动性创造性，才能为高质量发展夯实重要基础。

保障和改善民生是实现社会和谐安定的内在要求。当前，全球收入不平等问题突出，一些国家贫富分化，中产阶层塌陷，导致社会撕裂、政治极化、民粹主义泛滥等一系列问题。我国加强保障和改善民生，全面做好就业、教育、社会保障、医药卫生、食品安全、安全生产、社会治安、住房市场调控等各方面工作，努力使人民获得感、幸福感、安全感更加充实、更有保障、更可持续，为社会和谐安定打下坚实基础。

新征程上，深入学习贯彻习近平总书记重要讲话和党的二十大精神，必须坚持以人民为中心的发展思想，把实现人民对美好生活的向往作为现代化建设的出发点和落脚点，从人民群众最关心最直接最现实的利益问题入手，不断推出新政策新举措，让人民群众的获得感成色更足、幸福感更可持续、安全感更有保障。

在发展中更加注重保障和改善民生。发展与保障和改善民生是辩证统一的。发展是保障和改善民生的前提，保障和改善民生是发展的目的。我国仍处于并将长期处于社会主义初级阶段，保障和改善民生不能脱离这个最大实际提出过高目标。要多做那些现实条件下可以做到的事情，多做雪中送炭的重点民生工作，多引导和鼓励广大群众通过勤劳致富改善生活。

着力补齐民生短板，兜牢民生底线。当前，我国改革发展稳定依然面临不少深层次矛盾，不确定难预料因素增多。越是在这样的时候，越要兜牢民生底线，进一步做好惠民生、暖民心、强信心工作，用心用情用力解决好人民群众急难愁盼问题。要按照守住底线、突出重点、完善制度、引导预期的工作思路，采取针对性更强、覆盖面更大、作用更直接、效果更明显的举措，集中力量做好基础性、兜底性民生建设。统筹做好就业、收入分配、教育、社保、医疗、住房、养老、扶幼等各方面工作，更加注重向农村、基层、欠发达地区倾斜，向困难群众倾斜。强化就业优先政策，健全就业促进机制和就业公共服务体系，完善重点群体就业支持体系，加强困难群体就业兜底帮扶。

不断增进民生福祉，提高人民生活品质。实现人民对美好生活的向往没有终点，保障和改善民生也没有终点，需要与时俱进、持续改进。要构建初次分配、再分配、第三次分配协调配套的制度体系，坚持多劳多得，鼓励勤劳致富，推动形成幸福生活都是奋斗出来的、共同富裕要靠勤劳智慧来创造的社会风尚。完善促进机会公平、维护社会公平正义的制度机制，畅通社会向上流动通道，创造公平竞争的良好环境，保证人民平等参与、平等发展权利，让每个人都获得发展自我和奉献社会的机会。健全覆盖全民、统筹城乡、公平统一、安全规范、可持续的多层次社会保障体系，让发展成果更多更公平惠及全体人民。

（《人民日报》2023 年 8 月 4 日第 9 版）

扎实推进全体人民共同富裕
多措并举增加居民收入

方福前

共同富裕是中国特色社会主义的本质要求，中国式现代化是全体人民共同富裕的现代化。推进共同富裕，就要不断增加居民收入。习近平总书记强调："到'十四五'末，全体人民共同富裕迈出坚实步伐，居民收入和实际消费水平差距逐步缩小。"我们要贯彻落实习近平总书记重要讲话和党的二十大精神，多措并举增加居民收入，扎实推进全体人民共同富裕。

我国富民思想源远流长，古代典籍中关于裕民、惠民、富民的论述不绝如缕。比如，《尚书》中记有"德惟善政，政在养民"；《周礼》中写道"以富邦国，以养万民，以生百物"；等等。几千年来，中华民族始终保有对共同富裕的美好期盼。中国共产党自成立之日起，就把全心全意为人民服务作为根本宗旨。我们党领导人民进行社会主义现代化建设，就是要通过发展社会生产力，不断提高人民物质文化生活水平，促进人的全面发展、全体人民共同富裕。

党的十八大以来，我们党坚持以人民为中心的发展思想，出台实施一系列惠民富民政策措施，推动居民收入较快增长，收入结构不断改善，共同富裕取得新成效。2012—2022 年，全国城乡居民人均可支配收入从 16510 元提高到 36883 元，人民生活全方位改善；今年上半年，全国居民人均可支配收入 19672 元，比上年同期名义增长 6.5%，扣除价格因素，实际增长 5.8%。同时要看到，我国发展不平衡不充分问题仍然突出，人均国内生产总值、城乡居民人均收入水平与发达国家相比还有差距，城乡、区域、社会群体之间收入差距还比较大，中等收入群体的比重还不够高。在新征程上扎实推进全体人民共同富裕，基础性的工作是多措并举增加居民收入。

增加居民收入有利于更好满足人民美好生活需要。当前，我国已经进入高质量发展阶段，人民的美好生活需要日益增长。不断提升居民收入水平，能够让更优质商品、更高水平服务、更丰富精神文化产品不断走进千家万户，持续增强人民群众的获得感、幸福感、安全感。增加居民收入有利于发挥消费对经济发展的基础性作用。消费是最终需求，对经济具有持久拉动力。提高居民收入水平能够为释放消费潜力、拉动内需创造重要条件，为推动经济发展和转型升级提供重要动力，对于培育完整内需体系、加快构建新发展格局具有重要意义。增加居民收入有利于激发全体人民主人翁精神。通过提高居民收入水平，合理调节收入分配关系，不断完善发展为了人民、发展依靠人民、发展成果由人民共享的局面，能够充分调动全体人民的积极性主动性创造性，凝聚建设中国式现代化的磅礴力量。增加居民收入，需要不断完善促进共同富裕的政策体系，让发展成果更多更公平惠及全体人民，当前可以从以下几方面着力。

在做大“蛋糕”的同时分好“蛋糕”。提高居民收入水平、逐步实现共同富裕，首先要通过全国人民共同奋斗把“蛋糕”做大做好，然后通过合理的制度安排把“蛋糕”切好分好。要健全体现效率、促进公平的收入分配制度，努力实现收入分配合理、社会公平正义、全体人民共同富裕，推进基本公共服务均等化，逐步缩小收入分配差距。具体来说，要构建初次分配、再分配、第三次分配协调配套的制度体系，加大税收、社保、转移支付等调节力度并提高精准性，扩大中等收入群体比重，增加低收入群体收入，合理调节高收入，取缔非法收入，形成中间大、两头小的橄榄型分配结构。

发展教育和职业培训，提升个人发展能力。发展教育和职业培训，有利于提升劳动者的知识和技能水平，从而提高就业质量和收入水平；有利于促进人的全面发展，提高社会文明程度。要着眼于促进人的全面发展、以人口高质量发展支撑中国式现代化，为人民提高受教育程度、增强发展能力创造更加普惠公平的条件，提升全社会人力资本和专业技能。加大普惠性人力资本投入，着力减轻困难家庭教育负担，提高低收入群众子女受教育水平，解决好农业转移人口随迁子女教育等问题，不断提升每个人的发展能力，增强致富本领。

全面推进乡村振兴，不断提高农民收入。促进共同富裕，最艰巨最繁重的任务仍然在农村。要加快推进农业农村现代化，提升农业农村自主发展能力。以家庭经营为基础，坚持统分结合，形成具有中国特色的农业适度规模经营，提高规模经济效益；深化农村集体经营性建设用地入市试点，完善土地增值收益分配机制。加快推动城乡融合发展，促进发展要素、各类服务下乡，推进农业与二、三产业融合发展，不断拓宽农产品流通渠道、扩大农产品需求、稳定农产品收益率，夯实农民收入增长的基础。推动基本公共服务资源下沉，着力加强薄弱环节，推进县域内义务教育优质均衡发展，不断提高农村人口受教育水平。组织实施好乡村建设行动，加快养老、教育、医疗等方面的公共服务设施建设，提高乡村基础设施完备度、公共服务便利度、人居环境舒适度。

（《人民日报》2023 年 8 月 4 日第 9 版）

链接阅读

不断实现人民对美好生活的向往

詹成付

习近平总书记在党的二十大报告中指出："为民造福是立党为公、执政为民的本质要求。必须坚持在发展中保障和改善民生，鼓励共同奋斗创造美好生活，不断实现人民对美好生活的向往。"党的二十大报告作出的一系列重要谋划和部署，充分彰显了我们党坚定的人民立场和在新征程上不断把人民对美好生活的向往变为现实的坚强决心，对于激励全党全军全国各族人民为全面建设社会主义现代化国家、全面推进中华民族伟大复兴而团结奋斗具有重要指导意义。

深刻把握不断实现人民对美好生活向往的重大意义

我们党从成立之日起，就把为中国人民谋幸福、为中华民族谋复兴作为初心使命，团结带领中国人民为创造美好生活进行了长期奋斗。

不断实现人民对美好生活的向往，集中体现了我们党的初心使命，深刻揭示了我们党长盛不衰的奥秘，也是大力弘扬伟大建党精神的必然要求。

集中体现了我们党的初心使命。习近平总书记指出："江山就是人民，人民就是江山。中国共产党领导人民打江山、守江山，守的是人民的心。"我们党的百年奋斗史就是为人民谋幸福的历史，就是践行党的初心使命的历史。党领导人民打土豪、分田地，是为人民根本利益而斗争；领导人民开展抗日战争、赶走日本侵略者，是为人民根本利益而斗争；领导人民推翻三座大山、建立新中国，是为人民根本利益而斗争；领导人民开展社会主义革命和建设、改变一穷二白的国家面貌，是为人民根本利益而斗争；领导人民实行改革开放、推进社会主义现代化、实现中华民族伟大复兴，同样是为人民根本利益而斗争。完成脱贫攻坚、全面建成小康社会的历史任务，实现第一个百年奋斗目标，是彪炳中华民族发展史册的历史性胜利。在向第二个百年奋斗目标迈进的新征程上，要继续在让老百姓过上更加美好生活的奋斗中践行初心使命。

深刻揭示了我们党长盛不衰的奥秘。马克思、恩格斯在《共产党宣言》中指出："过去的一切运动都是少数人的，或者为少数人谋利益的运动。无产阶级的运动是绝大多数人的，为绝大多数人谋利益的独立的运动。"作为马克思主义政党，我们党的章程开宗明义：中国共产党是中国工人阶级的先锋队，同时是中国人民和中华民族的先锋队。我们党没有自己特殊的利益，在任何时候都把群众利益放在第一位。为人民而生，因人民而兴，始终同人民在一起，为人民利益而奋斗，是我们党立党兴党强党的根本出发点和落脚点。不断实现人民对美好生活的向往，赢得人民信任，得到人民支持，党就能克服任何困难，无往而不胜。

大力弘扬伟大建党精神的必然要求。坚持真理、坚守理想，践行初心、担当使命，不怕牺牲、英勇斗争，对党忠诚、不负人民的伟大建党精神，是中国共产党的精神之源。一百多年来，为了争取民族独立、人民解放和实现国家富强、人民幸福，我们党弘扬伟大建党精神，团结带领人民创造了新民主主义革命的伟大成就，创造了社会主义革命和建设的伟大成就，创造了改革开放和社会主义现代化建设的伟大成就，创造了新时代中国特色社会主义的伟大成就，书写了中华民族几千年历史上最恢宏的史诗，中华民族伟大复兴展现出前所未有的光明前景。在新征程上不断实现人民对美好生活的向往，面临的风险和考验一点也不会比过去少。实现国家富强、民族复兴、人民幸福的中国梦，必须继续弘扬伟大建党精神，以咬定青山不放松的执着奋力实现既定目标。

中国人民获得感、幸福感、安全感
更加充实、更有保障、更可持续

党的十八大以来，中国特色社会主义进入新时代，在以习近平同志为核心的党中央坚强领导下，党和国家事业取得历史性成就、发生

历史性变革，我国发展站到了新的历史起点上，人民群众对美好生活的向往不断变为现实，获得感、幸福感、安全感更加充实、更有保障、更可持续。

经济更加发展。我国经济实力实现历史性跃升。国内生产总值由2012年的53.9万亿元增长到2021年的114.4万亿元；2013—2021年，国内生产总值年均增长6.6%，高于同期世界2.6%和发展中经济体3.7%的平均增长水平，世界第二大经济体地位得到巩固提升。载人航天、探月探火、深海深地探测、超级计算机、卫星导航、量子信息、核电技术、新能源技术、大飞机制造、生物医药等取得重大成果，我国进入创新型国家行列。建成世界上最大的高速铁路网、高速公路网，群众出行、货物运输更加安全快捷。面对突如其来的新冠疫情，统筹疫情防控和经济社会发展取得重大积极成果。当前，虽然百年变局与世纪疫情交织叠加，国内改革发展稳定任务艰巨繁重，但我国经济韧性强、潜力足、回旋余地广，长期向好的基本面不会改变，完全有条件有能力稳定宏观经济大盘，保持经济运行在合理区间。

民主更加健全。我们党深化对民主政治发展规律的认识，提出全过程人民民主的重大理念。我国全过程人民民主不仅有完整的制度程序，而且有完整的参与实践，实现了过程民主和成果民主、程序民主和实质民主、直接民主和间接民主、人民民主和国家意志相统一，是最广泛、最真实、最管用的社会主义民主。我国实行工人阶级领导的、以工农联盟为基础的人民民主专政的国体，实行人民代表大会制度的政体，实行中国共产党领导的多党合作和政治协商制度、民族区域自治制度、基层群众自治制度等基本政治制度，巩固和发展最广泛的爱国统一战线，形成了全面、广泛、有机衔接的人民当家作主制度体系。全体人民依法实行民主选举、民主协商、民主决策、民主管理、民主监督，依法通过各种途径和形式管理国家事务，管理经济和文化事业，管理社会事务，当家作主的权利进一步落到实处。

文化更加繁荣。我国文化建设为新时代坚持和发展中国特色社会主义、开创党和国家事业全新局面提供了强大正能量。党的理论创新全面推进，习近平新时代中国特色社会主义思想深刻改变中国、影响世界。党对宣传思想文化工作的领导全面加强，凝聚起全面建成小康社会、实现中华民族伟大复兴的磅礴力量。社会主义核心价值观和中华优秀传统文化广泛弘扬，主流舆论不断巩固壮大，网络空间日益清朗，全国各族人民精神面貌更加奋发昂扬。文艺创作持续繁荣，公共文化服务水平不断提高，文化事业和文化产业繁荣发展，为人民提供了更多更好的精神食粮。

社会更加和谐。我国 832 个贫困县全部摘帽，近 1 亿农村贫困人口实现脱贫，960 多万贫困人口实现易地搬迁，历史性地解决了绝对贫困问题。城镇新增就业年均超过 1300 万人，居民人均可支配收入超过 3.5 万元，中等收入群体规模超过 4 亿人。养老、托幼、助残等福利事业平稳发展，建成世界上规模最大的教育体系、社会保障体系、医疗卫生体系，高等教育进入世界公认的普及化阶段，人均预期寿命达到 78.2 岁。社会保持长期稳定，成为世界公认最有安全感的国家之一。面对疫情冲击，我们党坚持人民至上、生命至上，最大限度保护了人民生命安全和身体健康。

生态更加优美。我们党坚持绿水青山就是金山银山理念，全面加强生态文明建设，系统谋划生态文明体制改革，坚持山水林田湖草沙一体化保护和系统治理，全方位、全地域、全过程加强生态环境保护，生态环境保护发生历史性、转折性、全局性变化。2021 年，全国 339 个地级及以上城市平均空气质量优良天数比例为 87.5%，受污染耕地安全利用率稳定在 90% 以上，地表水水质优良（Ⅰ—Ⅲ类）断面比例为 84.9%，绿水青山的“含金量”越来越高，人民群众感受到了经济发展带来的实实在在的环境效益。

共同奋斗创造更加美好的生活

习近平总书记指出：“全面建设社会主义现代化国家，必须充分发挥亿万人民的创造伟力。”我们要始终坚持以人民为中心的发展思想，牢牢坚持习近平总书记在党的二十大报告中提出的“五个必由之路”的规律性认识，坚持在发展中保障和改善民生，统筹做好就业、收入分配、教育、社保、医疗、住房、养老、扶幼等各方面工作，在物质文明、政治文明、精神文明、社会文明、生态文明协调发展中全方位提升人民生活品质。

坚持党的全面领导。坚持党的全面领导是坚持和发展中国特色社会主义的必由之路。我们要坚定不移坚持党的全面领导，坚决维护党中央权威和集中统一领导，把党的领导落实到党和国家事业各领域各方面各环节，使党始终成为中国人民最可靠、最坚强的主心骨。

坚持中国特色社会主义。中国特色社会主义是实现中华民族伟大复兴的必由之路。我们要始终不渝走中国特色社会主义道路，坚持把国家和民族发展放在自己力量的基点上、把中国发展进步的命运牢牢掌握在自己手中，不断实现人民对美好生活的向往，不断推进全体人民共同富裕。

坚持团结奋斗。团结奋斗是中国人民创造历史伟业的必由之路。我们要在党的领导下团结一心、众志成城，敢于斗争、善于斗争，全力战胜前进道路上各种困难和挑战，依靠顽强斗争打开事业发展新天地。

完整、准确、全面贯彻新发展理念。贯彻新发展理念是新时代我国发展壮大的必由之路。我们要完整、准确、全面贯彻新发展理念，加快构建新发展格局，着力推动高质量发展，加快实现科技自立自强，不断提高我国发展的竞争力和持续力，在日趋激烈的国际竞争中把握主动、赢得未来。

坚持全面从严治党。全面从严治党是党永葆生机活力、走好新的赶考之路的必由之路。我们要大力弘扬伟大建党精神，不忘初心使命，勇于自我革命，不断清除一切损害党的先进性和纯洁性的有害因素，不断清除一切侵蚀党的健康肌体的病原体，确保党不变质、不变色、不变味，始终与人民风雨同舟、与人民心心相印，想人民之所想，行人民之所嘱，不断把人民对美好生活的向往变为现实。

（《人民日报》2022 年 11 月 3 日第 9 版）

第七章

促进人与自然和谐共生

加快推进人与自然和谐共生的现代化

中国社会科学院习近平新时代中国特色社会主义思想研究中心

党的二十大报告从九个方面明确了中国式现代化的本质要求，“促进人与自然和谐共生”是其中一个重要方面。习近平总书记在全国生态环境保护大会上强调：“以高品质生态环境支撑高质量发展，加快推进人与自然和谐共生的现代化。”我们党领导人民站在人与自然和谐共生的高度谋划发展，推进中国式现代化，创造了举世瞩目的生态奇迹和绿色发展奇迹，对世界现代化理论和实践作出重要贡献。

促进人与自然和谐共生是中国式现代化的本质要求

习近平总书记强调：“尊重自然、顺应自然、保护自然，是全面建设社会主义现代化国家的内在要求。”大自然是人类赖以生存发展的基本条件，人与自然的关系是人类社会最基本的关系。人与自然和谐共生的现代化，从本质要求层面彰显了中国式现代化的中国特色。

契合让现代化建设成果更多更公平惠及全体人民的内在要求。历史上，西方发达国家普遍走过一条高资源消耗型的先污染后治理道路，在创造巨大物质财富的同时，也造成人与自然的矛盾日益加深。在200多年人类社会现代化进程中，实现工业化的国家不超过30个、人口不超过10亿，但给人类带来的生态环境危机是前所未有的。中国式现代化坚持以人民为中心的发展思想，要让14亿多人口整体实现现代化，这将使世界上实现现代化的人口翻一番多。为了实现这一目标，我们摒弃先污染后治理的老路，走出人与自然和谐共生的新路，让现代化建设成果更可持续地惠及全体人民。

契合全体人民共同富裕的目标要求。追求全体人民共同富裕，是中国式现代化的显著特征。良好生态环境是最公平的公共产品，是最普惠的民生福祉。不同于西方以资本为中心的现代化，中国式现代化坚持人民至上理念，突出现代化方向的人民性，坚持发展为了人民、发展依靠人民、发展成果由人民共享，不断推动全体人民共同富裕。中国式现代化坚持生态惠民、生态利民、生态为民，坚持在保护生态环境中保护生产力，在改善生态环境中发展生产力，通过改革创新，让土地、劳动力、资本、自然资源等要素活起来，加快建立健全以产业生态化和生态产业化为主体的生态经济体系，在发展和保护协同共生中更好满足人民日益增长的美好生活需要，推动全体人民共同富裕不断取得更为明显的实质性进展。

契合人的全面发展的客观要求。物质富足和精神富有都是社会主义现代化的内在要求。中国式现代化是物质文明和精神文明相协调的现代化，既要物质财富极大丰富，也要精神财富极大丰富、在思想文化上自信自强。中国式现代化牢固树立和践行绿水青山就是金山银山的理念，把经济活动、人的行为限制在自然资源和生态环境能够承受的限度内，以高品质生态环境支撑高质量发展，既创造更多的物质财富和精神财富以满足人民日益增长的美好生活需要，也提供更多优质生态产品以满足人民日益增长的优美生态环境需要，在建设望得见山、看得见水、记得住乡愁的美丽中国的同时，推动实现物的全面丰富和人的全面发展。

契合构建命运与共地球家园的共同要求。习近平总书记指出："人类只有一个地球，保护生态环境、推动可持续发展是各国的共同责任。"地球是全人类赖以生存的唯一家园，保护自然就是保护人类，建设生态文明就是造福人类。与个别西方国家动辄逃避全球生态保护责任、转嫁本国生态危机做法形成鲜明对照，中国式现代化弘扬和平、发展、公平、正义、民主、自由的全人类共同价值，在坚定维护世界和平与发展中谋求自身发展，又以自身发展更好维护世界和平与发展。中国式现代化始终站在对人类文明负责、为子孙后代负责的高度，携手世界各国共筑生态文明之基，共走绿色发展之路，共建地球生命共同体，积极构建人与自然和谐共生、经济与环境协同共进、世界各国共同发展的地球家园，让绿色发展理念深入人心、全球生态文明之路行稳致远，推动发展成果、良好生态更多更公平惠及各国人民。

建设人与自然和谐共生的现代化取得显著成就

“我们的祖国天更蓝、山更绿、水更清”，党的二十大报告中的这句话道出了中国人民的切身感受。从亚洲象群北上南归引起全球关注，到“晒晒我的‘家乡蓝’”摄影作品征集活动火爆出圈，人们感受到生活环境变得越来越好。新时代生态文明建设的成就举世瞩目，成为新时代党和国家事业取得历史性成就、发生历史性变革的显著标志。

党的十八大以来，在习近平生态文明思想科学指引下，以习近平同志为核心的党中央把生态文明建设作为关系中华民族永续发展的根本大计，开展一系列开创性工作，决心之大、力度之大、成效之大前所未有，生态文明建设从理论到实践都发生了历史性、转折性、全局性变化。出台《关于加快推进生态文明建设的意见》《生态文明体制改革总体方案》，制修订大气污染防治法、水污染防治法、长江保护法等多部相关法律；建立健全生态环境保护“党政同责”和“一岗双责”等制度，构建起生态文明体系“四梁八柱”……这一系列重大制度安排和决策部署，引领和保障我国生态文明建设实现由重点整治到系统治理的重大转变、由被动应对到主动作为的重大转变、由全球环境治理参与者到引领者的重大转变、由实践探索到科学理论指导的重大转变，人与自然和谐共生的现代化不断迈上新台阶。

党的十八大以来，我国累计完成造林 10.2 亿亩，防沙治沙 3.05 亿亩。截至 2022 年底，全国地级及以上城市细颗粒物（PM2.5）年均浓度下降至 29 微克 / 立方米，地表水水质优良断面比例达 87.9%，近岸海域水质优良比例达 81.9%。党的十八大以来，我国以年均 3% 的能源消费增速支撑了年均 6% 以上的经济增长，成为全球能耗强度降低最快的国家之一。新时代的中国，“美丽经济”发展壮大，生态优势不断转化为发展优势，绿水青山正在产生越来越大的生态效益、经济效益和社会效益。

对世界现代化理论和实践作出重要贡献

习近平总书记强调:“我们要站在对人类文明负责的高度，尊重自然、顺应自然、保护自然，探索人与自然和谐共生之路，促进经济发展与生态保护协调统一，共建繁荣、清洁、美丽的世界。”中国式现代化坚持人与自然和谐共生的理念，注重同步推进物质文明建设和生态文明建设，坚定不移走生产发展、生活富裕、生态良好的文明发展道路，对科学处理人与自然关系、推动世界现代化理论和实践创新发展作出了重要贡献。

为广大发展中国家提供新的现代化选择。如何统筹好经济社会发展与人口、资源、环境的关系，实现在发展中保护、在保护中发展，是广大发展中国家在探索现代化进程中都要面对的重大课题。在发展过程中，一些发展中国家一度复制西方先污染后治理的现代化老路，结果把生态环境破坏了，造成难以弥补的损失。中国共产党和中国人民推进中国式现代化，坚持完整、准确、全面贯彻新发展理念，牢固树立和践行绿水青山就是金山银山的理念，站在人与自然和谐共生的高度谋划发展，在保护生态环境中保护自然价值和增值自然资本，保护经济社会发展潜力和后劲，推动绿水青山持续转化为金山银山，为广大发展中国家独立自主迈向现代化提供了全新选择。作为发展中的大国，中国愿意同其他国家一道，坚持走绿色发展之路，共筑生态文明之基，承担大国责任，展现大国担当，充分发挥引领作用，加强南南合作以及同周边国家的合作，为发展中国家提供力所能及的资金、技术支持。

为推进全球环境治理探索合作共赢新路。面对全球环境风险挑战，各国是同舟共济的命运共同体。共建地球生命共同体，必须破除单边主义的壁垒和藩篱，在携手合作中建设清洁美丽世界。在推进现代化进程中，中国始终秉持人类命运共同体理念，积极推进国际资源节约和生态环境保护领域务实合作。坚持共同但有区别的责任原则，主动承担同国情、发展阶段和能力相适应的环境治理义务，努力推动构建公平合理、合作共赢的全球环境治理体系，坚定落实《联合国气候变化框架公约》，以积极建设性姿态参与全球气候谈判议程，为《巴黎协定》达成和落实作出历史性贡献，推动构建公平合理、合作共赢的全球气候治理体系。致力于推进共建“一带一路”绿色发展，通过发起建立“一带一路”绿色发展国际联盟等一系列务实合作，让绿色切实成为共建“一带一路”的底色，为全球环境治理作出了重要贡献。

为推动全球可持续发展贡献智慧和力量。当前，全球物种灭绝速度不断加快，生物多样性丧失和生态系统退化对人类生存和发展构成重大风险。面对一系列生态环境问题，人类是一荣俱荣、一损俱损的命运共同体，没有哪个国家能够独善其身。在现代化进程中实现全球可持续发展，必须统筹好发展与保护的关系，探索人与自然和谐共生的现代化新路。在习近平生态文明思想科学指引下，我国在推进中国式现代化进程中，追求人与自然和谐、追求绿色发展繁荣、追求热爱自然情怀、追求科学治理精神、追求携手合作应对，同世界各国共同营造和谐宜居的人类家园，共同构建地球生命共同体，为全球可持续发展贡献了中国智慧、中国方案、中国力量。

（执笔：张永生）

（《人民日报》2023 年 8 月 11 日第 9 版）

厚植高质量发展的绿色底色

王金南

党的二十大报告明确提出，中国式现代化是人与自然和谐共生的现代化，深刻指明推动经济社会发展绿色化、低碳化是实现高质量发展的关键环节。习近平总书记在全国生态环境保护大会上强调："要加快推动发展方式绿色低碳转型，坚持把绿色低碳发展作为解决生态环境问题的治本之策，加快形成绿色生产方式和生活方式，厚植高质量发展的绿色底色。"在促进人与自然和谐共生中推进中国式现代化，必须坚持生态优先、节约集约、绿色低碳发展，走生产发展、生活富裕、生态良好的文明发展道路。

生态环境保护既是重大经济问题，也是重大社会和政治问题。解决好这一重大问题，必须坚持绿色低碳发展，加快推动发展方式绿色低碳转型。新时代十年，我国能源结构持续优化，煤炭在一次能源消费中的占比从 68.5% 下降至 56%。2013 年至 2022 年，全国重点城市 PM2.5 平均浓度下降 57%。2022 年，全国地级及以上城市空气质量优良天数比例为 86.5%，重污染天数比例下降到 1% 以内，我国成为全球大气质量改善速度最快的国家。本世纪以来，全球新增绿化面积中约 1/4 来自中国。

生态环境持续改善，能源资源利用效率大幅提高，与经济社会发展绿色转型密不可分。新时代十年，我国持续加大对散乱污企业及集群的整治力度，淘汰落后和化解过剩产能钢铁约 3 亿吨、水泥约 4 亿吨，淘汰老旧及高排放机动车超过 3000 万辆，新能源汽车连续多年产销量居于世界首位。同时也应看到，我国生态文明建设仍然面临诸多矛盾和挑战，生态环境稳中向好的基础还不稳固，生态环境保护结构性、根源性、趋势性压力还没有根本缓解，生态文明建设仍处于压力叠加、负重前行的关键期。生态环境质量同人民群众对美好生活的期盼相比，同美丽中国建设的目标相比，同构建新发展格局、推动高质量发展、全面建设社会主义现代化国家的要求相比还有一定差距。

发达国家在过去的 200 多年时间里，完成了工业化、城市化、现代化，在经济发展到相当水平后才逐步解决污染治理、生态破坏修复等问题。我国拥有 14 亿多人口，以占全球 9% 的耕地、6% 的淡水资源养活了世界上近 20% 的人口。在发展过程中，生态环境保护面临巨大压力。现实国情决定了推进中国式现代化，必须以经济社会发展全面绿色转型为引领，以能源和产业绿色低碳发展为抓手，以国土空间格局优化为载体，以绿色生产消费为动力，加快形成节约资源和保护环境的产业结构、生产方式、生活方式、空间格局，推动经济社会发展建立在资源高效利用和绿色低碳发展的基础之上，走人与自然和谐共生的现代化道路。

生态环境问题的解决是一项系统工程。在促进经济社会发展全面绿色转型中解决生态环境问题，必须持续推进产业、能源、运输结构调整，不断强化源头防控，牢牢抓住产业结构调整这个关键，减少过剩和落后产能，增加新的增长动能，推进重点区域、重点领域、关键环节等多层级减污降碳协同创新。在此基础上，推动战略性新兴产业、高技术产业、现代服务业加快发展，培育壮大节能环保产业、清洁生产产业、清洁能源产业，发展高效农业和先进制造业，加快节能降碳先进技术研发和推广应用，不断夯实绿色低碳循环发展经济体系的产业基础。

实现生态环境有效保护和可持续发展，既需要时间上的接续努力，也需要空间上的科学统筹。建立健全绿色低碳循环发展经济体系，一个重要方面在于不断强化生产、生活、生态空间用途统筹和协调管控。这就需要坚守耕地和生态保护红线，优化国土空间开发格局，强化国土空间规划和用途管控，统筹划定生态保护红线、永久基本农田、城镇开发边界等管控边界。科学统筹人口分布、经济布局、国土利用、生态环境保护，科学布局生产、生活、生态空间，形成主体功能明显、优势互补、高质量发展的国土空间开发保护新格局，处理好人口与经济社会、资源环境的关系。

在推动绿色低碳发展中解决生态环境问题，搞好头脑中的建设非常关键。要不断增强全民节约意识、环保意识、生态意识。在实践中，许多地方积极开展节约型机关、绿色家庭、绿色学校、绿色社区、绿色出行、绿色商场、绿色建筑等绿色生活创建行动，通过倡导简约适度、绿色低碳的生活方式，将绿色生活理念推广到衣食住行游用等方方面面。这些做法，有利于增强全社会对绿色低碳生活方式的理解和认同，为推动发展方式绿色低碳转型、呵护生态环境汇聚强劲动力，为建设人与自然和谐共生的现代化营造良好氛围。

（《人民日报》2023 年 8 月 11 日第 9 版）

构建从山顶到海洋的保护治理大格局
推进生态环境治理体系和治理能力现代化

褚松燕

生态环境治理体系和治理能力现代化，是国家治理体系和治理能力现代化的重要组成部分。新时代十年，在以习近平同志为核心的党中央坚强领导下，在习近平生态文明思想科学指引下，我国建立健全党委领导、政府主导、企业主体、社会组织和公众共同参与的现代环境治理体系，不断提升生态环境治理现代化水平，生态文明建设从理论到实践都发生了历史性、转折性、全局性变化，美丽中国建设迈出重大步伐。

加强党对生态文明建设的全面领导。习近平总书记在全国生态环境保护大会上指出："建设美丽中国是全面建设社会主义现代化国家的重要目标，必须坚持和加强党的全面领导。"坚持党对生态文明建设的全面领导，是我国生态文明建设的根本保证。党的十八大以来，以习近平同志为核心的党中央把生态文明建设摆在全局工作的突出位置，作出一系列重大战略部署，推动我国生态环境治理现代化水平不断提升。充分发挥中央生态环境保护督察利剑作用，从讲政治的高度严格落实生态环境保护责任，不断建立完善相关政策制度体系，逐渐形成“党政同责”和“一岗双责”的“大环保”工作格局，解决了一大批人民群众反映强烈的环境污染和生态破坏问题。抓紧研究制定地方党政领导干部生态环境保护责任制，建立覆盖全面、权责一致、奖惩分明、环环相扣的责任体系，认真落实生态文明建设责任清单，推动形成齐抓共管的强大合力。充分发挥考核指挥棒作用，健全考核评价体系，不断增强广大党员领导干部生态文明建设的实际本领。这一系列重要举措，有力提升了我国生态环境治理能力现代化水平。

坚持山水林田湖草沙一体化保护和系统治理。习近平总书记在全国生态环境保护大会上强调：“要坚持山水林田湖草沙一体化保护和系统治理，构建从山顶到海洋的保护治理大格局”。生态环境治理是一项系统工程，需要统筹考虑环境要素的复杂性、生态系统的完整性、自然地理单元的连续性、经济社会发展的可持续性，从系统工程和全局角度寻求生态环境治理之道。党的十八大以来，以习近平同志为核心的党中央根据自然生态系统整体性、系统性及其内在规律，提出“山水林田湖草沙是生命共同体”，坚持山水林田湖草沙一体化保护和系统治理，构建从山顶到海洋的保护治理大格局。以国家重点生态功能区、生态保护红线、自然保护地等为重点，启动实施山水林田湖草沙一体化保护和修复工程，统筹推进系统治理、综合治理、源头治理。大力实施防护林和天然林保护修复、退耕还林还草、矿山生态修复、“蓝色海湾”整治行动等一批生态环境修复治理工程，开展大规模国土绿化行动，推动森林、草原、湿地、河流、湖泊面积持续增加，土地荒漠化趋势得到有效扭转。这一系列前瞻性思考、全局性谋划、整体性推进，有力推动生态环境治理现代化水平不断提升，为建设美丽中国奠定了坚实基础。

生态环境保护法律制度体系不断完善。习近平总书记在全国生态环境保护大会上指出："要强化法治保障，统筹推进生态环境、资源能源等领域相关法律制修订，实施最严格的地上地下、陆海统筹、区域联动的生态环境治理制度"。加强生态环境保护和治理，必须依靠制度、依靠法治，用最严格的制度、最严密的法治保护生态环境。党的十八大以来，我们党以法治思维、法治方式推动生态文明建设，把生态文明建设纳入制度化、规范化轨道，构建起科学严密、系统完善的生态环境保护法律制度体系。通过将"生态文明"写入宪法，制定长江保护法、黄河保护法、青藏高原生态保护法等保障生态安全的法律，修改环境保护法、土地管理法、森林法等保护和改善环境的法律，立改并举，着力解决过去一段时间在一些地方存在的违法成本过低、处罚力度不足问题，统筹解决生态环境领域法律法规存在的该硬不硬、该严不严、该重不重问题。经过不懈努力，覆盖各重点区域、各种类资源、各环境要素的生态文明法律法规体系基本建立并不断完善，为建设人与自然和谐共生的现代化提供了坚强法治保障。

（《人民日报》2023 年 8 月 11 日第 9 版）

链接阅读

促进人与自然和谐共生

孙金龙

习近平总书记所作的党的二十大报告，全面系统总结了党的十八大以来我国生态文明建设取得的举世瞩目重大成就、重大变革，深刻阐述了人与自然和谐共生是中国式现代化的中国特色之一，对推动绿色发展、促进人与自然和谐共生作出重大战略部署。这充分彰显了以习近平同志为核心的党中央推进美丽中国建设的坚强意志和坚定决心。我们要坚持以习近平生态文明思想为指引，准确理解把握促进人与自然和谐共生的重大意义和重点任务，坚决抓好贯彻落实。

充分认识促进人与自然和谐共生的重大意义

大自然是人类赖以生存发展的基本条件。尊重自然、顺应自然、保护自然，是全面建设社会主义现代化国家的内在要求。促进人与自然和谐共生，深刻体现了新时代生态文明建设必须遵循的基本原则，是对马克思主义自然观、生态观的继承和创新，是对中华优秀传统生态文化的创造性转化、创新性发展，也是中国式现代化和人类文明新形态的重要内涵，对筑牢中华民族伟大复兴绿色根基、实现中华民族永续发展具有重大现实意义和深远历史意义。

（一）促进人与自然和谐共生是中国式现代化本质要求的重要内容。生态兴则文明兴，生态衰则文明衰。人与自然是生命共同体，无止境地向自然索取甚至破坏自然必然会遭到大自然的报复。我国作为14亿多人口的发展中大国，环境容量有限、生态系统脆弱，生态环境状况尚未得到根本扭转，要整体迈入现代化社会，高消耗、高污染的模式是行不通的，资源环境的压力不可承受。必须坚持节约优先、保护优先、自然恢复为主的方针，像保护眼睛一样保护自然和生态环境，坚持可持续发展，坚定不移走生产发展、生活富裕、生态良好的文明发展道路。这是对西方以资本为中心、物质主义膨胀、先污染后治理的现代化发展道路的超越。

（二）促进人与自然和谐共生是满足人民群众对美好生活向往的必然选择。良好生态环境是最公平的公共产品，是最普惠的民生福祉。随着我国社会主要矛盾发生变化，尤其是全面建成小康社会后，人民群众对优美生态环境的期望值更高，对生态环境问题的容忍度更低，成为这一主要矛盾的重要方面。当前，我国生态环境同人民群众对美好生活的期盼相比，同建设美丽中国的目标相比，都还有较大差距，加快改善生态环境质量已成为人民群众追求高品质生活的共同呼声。

必须坚持以人民为中心的发展思想，集中攻克老百姓身边的突出生态环境问题，提供更多优质生态产品，让人民群众亲近蓝天白云、河清岸绿、土净花香，在绿水青山中共享自然之美、生命之美、生活之美。

（三）促进人与自然和谐共生是推动高质量发展的应有之义。我国经济已由高速增长阶段转向高质量发展阶段。高质量发展是体现新发展理念的发展，是绿色发展成为普遍形态的发展。我国仍是发展中国家，工业化、城镇化尚未完成，产业结构和能源结构具有明显的高碳特征，实现碳达峰碳中和任务艰巨，资源环境对经济发展的约束日益趋紧。必须牢固树立和践行绿水青山就是金山银山的理念，站在人与自然和谐共生的高度谋划发展，促进经济社会发展全面绿色转型，推动实现更高质量、更有效率、更加公平、更可持续、更为安全的发展。

（四）促进人与自然和谐共生是推动建设清洁美丽世界的客观需要。人类只有一个地球，地球是人类赖以生存的共同家园。保护生态环境是全球面临的共同挑战。近年来，气候变化、生物多样性丧失、荒漠化加剧、极端气候事件频发，给人类生存和发展带来严峻挑战。面对生态环境挑战，人类是一荣俱荣、一损俱损的命运共同体。必须秉持人类命运共同体理念，以生态文明建设为引领，协调人与自然关系，坚持绿色低碳发展，解决好工业文明带来的问题，把人类活动限制在生态环境能够承受的限度内，构筑尊崇自然、绿色发展的生态体系，推动建设清洁美丽世界。

新时代生态文明建设取得历史性成就

党的十八大以来，习近平总书记站在中华民族永续发展的高度，亲自谋划、亲自部署、亲自推动建设人与自然和谐共生的美丽中国，大力推动生态文明理论创新、实践创新、制度创新，彰显了党的领袖念兹在兹的人民情怀、生态情怀、天下情怀。我们坚持绿水青山就是金山银山的理念，坚持山水林田湖草沙一体化保护和系统治理，全方位、全地域、全过程加强生态环境保护，生态文明建设从认识到实践都发生了历史性、转折性、全局性变化，创造了举世瞩目的生态奇迹和绿色发展奇迹，祖国的天更蓝、山更绿、水更清。

（一）生态文明建设谋篇布局更加成熟。习近平总书记围绕生态文明建设发表一系列重要讲话，作出一系列重要指示，提出一系列原创性的新理念新思想新战略，深刻回答了为什么建设生态文明、建设什么样的生态文明、怎样建设生态文明等重大理论和实践问题，系统形成习近平生态文明思想。在习近平生态文明思想指引下，党中央从思想、法律、体制、组织、作风上全面发力，把"美丽中国"纳入社会主义现代化强国目标，把"生态文明建设"纳入"五位一体"总体布局，把"人与自然和谐共生"纳入新时代坚持和发展中国特色社会主义基本方略，把"绿色"纳入新发展理念，把"污染防治"纳入三大攻坚战，对生态文明建设进行全面系统部署安排。

（二）绿色低碳发展迈出坚实步伐。推动绿色低碳发展，必须把碳达峰碳中和纳入生态文明建设整体布局和经济社会发展全局，划定生态保护红线、环境质量底线、资源利用上线，推动形成节约资源和保护环境的空间格局、产业结构、生产方式、生活方式。2012 年至 2021 年，我国以年均 3% 的能源消费增速支撑了年均 6.6% 的经济增长，能耗强度累计下降 26.4%，相当于少用标准煤约 14 亿吨，少排放二氧化碳近 30 亿吨，是全球能耗强度降低最快的国家之一。2021 年，我国煤炭消费量占能源消费总量的比重比 2012 年下降 12.5 个百分点，清洁能源消费占比提升到 25.5%，可再生能源装机规模突破 11 亿千瓦，水电、风电、太阳能发电、生物质发电装机和新能源汽车产销量均居世界第一，并建立了全球规模最大的碳市场。过去 10 年，我国二氧化碳排放强度下降了 34.4%。

（三）生态环境质量改善成效显著。坚持精准治污、科学治污、依法治污，着力解决群众身边的突出环境问题，污染防治攻坚向纵深推进，生态环境质量持续改善，人民群众生态环境获得感显著增强。2021 年，全国地级及以上城市细颗粒物（PM2.5）平均浓度比 2015 年下降 34.8%，优良天数比例上升 6.3 个百分点。全国地表水Ⅰ—Ⅲ类断面比例上升至 84.9%，劣Ⅴ类水体比例下降至 1.2%，长江干流全线连续两年达到Ⅱ类水体，黄河干流全线达到Ⅲ类水体。全国土壤环境风险得到有效管控，约 1/3 行政村深入实施农村环境整治。全面禁止“洋垃圾”入境，实现固体废物“零进口”目标。实施山水林田湖草沙一体化保护修复，森林覆盖率达到 24.02%。建成首批国家公园，建成首个国家植物园、种子库，自然保护地面积占陆域国土面积

18%，300 多种珍稀濒危野生动植物野外种群数量稳中有升。

（四）生态文明制度体系更加健全。深化生态文明体制改革、构建系统完整的生态文明制度体系是全面深化改革、坚持和完善中国特色社会主义制度的重要内容。建立并实施中央生态环境保护督察制度，实现两轮 31 个省（区、市）以及新疆生产建设兵团的督察全覆盖，并对 6 家中央企业和 2 个国务院有关部门开展督察，成为推动地方党委和政府及其相关部门落实生态环境保护责任的硬招实招。生态文明建设目标评价考核和责任追究制度、生态保护补偿制度、河湖长制、林长制、排污许可制度、生态保护红线制度、省以下生态环境机构监测监察执法垂直管理制度、环境保护“党政同责”和“一岗双责”等制度建立实施。制定修订 30 多部生态环境领域法律和行政法规，覆盖各类环境要素的法律法规体系基本建立。

（五）全球环境治理贡献日益凸显。坚定践行多边主义，努力推动构建公平合理、合作共赢的全球环境治理体系。推动应对气候变化《巴黎协定》达成、签署、生效和实施，宣布碳达峰碳中和目标愿景，充分展现负责任大国担当。成功举办《生物多样性公约》第十五次缔约方大会（COP15）第一阶段会议，会议发布《昆明宣言》，提出设立昆明生物多样性基金，开启全球生物多样性治理新篇章。倡导建立“一带一路”绿色发展国际联盟和“一带一路”生态环保大数据服务平台，开展南南合作，帮助发展中国家提高环境治理水平。我国生态文明建设成就得到国际社会广泛肯定，成为全球生态文明建设重要参与者、贡献者、引领者。

努力建设人与自然和谐共生的美丽中国

党的二十大报告紧紧围绕推动绿色发展，促进人与自然和谐共生，对新时代新征程生态文明建设作出重大决策部署，提出重点任务举措。我们要深入学习贯彻习近平生态文明思想，统筹产业结构调整、污染治理、生态保护、应对气候变化，协同推进降碳、减污、扩绿、增长，努力建设人与自然和谐共生的美丽中国。

（一）加强党对生态文明建设的全面领导。党的十八大以来，我国生态文明建设决心之大、力度之大、成效之大前所未有，根本在于习近平总书记掌舵领航，在于习近平生态文明思想科学指引，在于以习近平同志为核心的党中央坚强领导。要坚持党的领导这一最大政治优势，深刻领悟“两个确立”的决定性意义，不断增强“四个意识”、坚定“四个自信”、做到“两个维护”，不断提高政治判断力、政治领悟力、政治执行力，牢记“国之大者”，牢固树立和践行绿水青山就是金山银山的理念，保持加强生态文明建设的政治定力和战略定力不动摇，确保党中央关于生态文明建设的决策部署落地见效。

（二）推动经济社会发展绿色化低碳化。实践表明，生态环境保护和经济发展是辩证统一、相辅相成的。要充分发挥生态环境保护的引领、优化和倒逼作用，加快推动产业结构、能源结构、交通运输结构等调整优化。加强生态环境分区管控，聚焦长江经济带发展、黄河流域生态保护和高质量发展等重大国家战略实施，打造绿色发展高地。

积极稳妥推进碳达峰碳中和，推动能源消耗总量和强度调控逐步转向碳排放总量和强度“双控”制度，完善碳排放统计核算制度，健全碳排放权交易制度。加快节能降碳先进技术研发和推广应用，推动形成绿色低碳的生产方式和生活方式，提升经济发展的“含金量”“含绿量”，降低“含碳量”。

（三）深入推进环境污染防治。当前，我国生态环境质量稳中向好的基础还不稳固，从量变到质变的拐点还没有到来。要坚持精准治污、科学治污、依法治污，保持力度、延伸深度、拓宽广度，持续深入打好蓝天、碧水、净土保卫战。加强污染物协同控制，基本消除重污染天气。统筹水资源、水环境、水生态治理，推动重要江河湖库生态保护治理，基本消除城市黑臭水体。强化陆海统筹，保护海洋生态环境。加强土壤污染源头防控，开展新污染物治理。提升环境基础设施建设水平，推进城乡人居环境整治。

（四）切实维护生态环境安全。生态环境安全是国家安全的重要组成部分，是经济社会持续健康发展的重要保障。要以国家重点生态功能区、生态保护红线、自然保护地等为重点，加快实施重要生态系统保护和修复重大工程，推进以国家公园为主体的自然保护地体系建设，实施生物多样性保护重大工程，加强生物安全管理，防治外来物种侵害，提升生态系统多样性、稳定性、持续性，守住自然生态安全边界。严密防控环境风险，紧盯危险废物、尾矿库、化学品等高风险领域，强化环境风险预警防控与应急。实行最严格的安全标准和监管措施，确保核与辐射安全万无一失。

（五）健全现代环境治理体系。生态环境治理体系是国家治理体系和治理能力现代化建设的重要内容，也是生态环境保护工作推进的基础支撑。要深入推进中央生态环境保护督察，压实各级党委和政府生态文明建设的政治责任。全面实行排污许可制，加快构建以排污许可制为核心的固定污染源执法监管体系，推动落实企业主体责任。完善支持绿色发展的财税、金融、投资、价格政策和标准体系，健全资源环境要素市场化配置体系，建立健全生态产品价值实现机制，完善生态保护补偿制度，让保护修复生态环境获得合理回报，让破坏生态环境付出相应代价。

（六）积极推动全球可持续发展。建设绿色家园是人类的共同梦想。要积极对外宣介习近平生态文明思想，讲好中国生态文明故事，让生态文明中国理念、中国方案、中国行动走向世界。坚持共同但有区别的责任原则、公平原则和各自能力原则，维护以联合国为核心的国际体系，践行真正的多边主义，加强应对气候变化、海洋生态环境保护、生物多样性保护等领域国际合作，主动承担与我国国情、发展阶段和能力相适应的国际义务，坚决维护我国发展权益。积极推动绿色“一带一路”建设，不断深化南南合作以及周边国家合作，共同实现联合国2030年可持续发展目标。

（《人民日报》2023年1月10日第9版）

建设人与自然和谐共生现代化的行动指南

习近平生态文明思想研究中心

2018年5月18日至19日，党中央召开全国生态环境保护大会，正式提出习近平生态文明思想。习近平生态文明思想是习近平新时代中国特色社会主义思想的重要组成部分，是马克思主义基本原理同中国生态文明建设实践相结合、同中华优秀传统生态文化相结合的重大成果，为建设人与自然和谐共生的现代化提供了根本遵循和行动指南。

科学回答新时代生态文明建设重大理论和实践问题

习近平总书记指出：“生态文明建设是关系中华民族永续发展的根本大计。”党的十八大以来，以习近平同志为核心的党中央站在人与自然和谐共生的高度谋划发展，以新的视野、新的认识、新的理念，深刻系统回答了为什么建设生态文明、建设什么样的生态文明、怎样建设生态文明等重大理论和实践问题，形成习近平生态文明思想，赋予生态文明建设理论新的时代内涵，开创了生态文明建设新境界。

科学回答如何不断满足人民日益增长的优美生态环境需要。良好生态环境是最公平的公共产品，是最普惠的民生福祉。中国特色社会主义进入新时代，人民群众对优美生态环境有了更高的期盼和要求。如何提供更多优质生态产品，更好满足人民日益增长的优美生态环境需要，是新时代生态文明建设必须科学回答的重大课题。在习近平生态文明思想科学指引下，以习近平同志为核心的党中央坚持生态惠民、生态利民、生态为民，重点解决损害群众健康的突出环境问题，加快改善生态环境质量，让老百姓呼吸上新鲜的空气、喝上干净的水、吃上放心的食物、生活在宜居的环境中，切实感受到经济发展带来的实实在在的环境效益，推动人民群众生态环境获得感、幸福感、安全感不断提升。

科学回答建设美丽中国的一系列重大问题。生态兴则文明兴，生态衰则文明衰。如何从古今中外生态环境发展变迁的经验教训中汲取智慧，夯实中华民族永续发展的生态根基，是美丽中国建设面临的重大课题。进入新时代，在习近平生态文明思想科学指引下，以习近平同志为核心的党中央以前所未有的力度抓生态文明建设，谋划开展了一系列根本性、开创性、长远性工作，推动美丽中国建设迈出重大步伐，我国生态文明建设发生历史性、转折性、全局性变化，创造了举世瞩目的生态奇迹和绿色发展奇迹。

科学回答建设美丽世界的一系列重大问题。建设美丽世界，是攸关人类永续发展的全球性课题。习近平生态文明思想坚持共谋全球生态文明建设之路，提出生态文明建设的全球倡议，强调面对生态环境挑战，人类是一荣俱荣、一损俱损的命运共同体，没有哪个国家能独善其身。在习近平生态文明思想科学指引下，我国积极推动构建公平合理、合作共赢的全球环境治理体系，以中国之路、中国之治、中国之理为全球可持续发展贡献了中国智慧、中国方案、中国力量。

丰富和发展马克思主义关于人与自然关系的思想

理论在一个国家实现的程度，总是决定于理论满足这个国家的需要的程度。习近平生态文明思想坚持从新时代生态文明建设的客观实际和丰富实践出发，继承和创新马克思主义自然观、生态观，传承和发展中华优秀传统生态文化，丰富和发展了马克思主义关于人与自然关系的思想。

马克思主义基本原理同中国生态文明建设实践相结合的重大成果。习近平总书记立足新时代生态文明建设实际，创造性提出“站在人与自然和谐共生的高度谋划发展”“绿水青山就是金山银山”“坚持绿色发展是发展观的一场深刻革命”等一系列新理念新思想新战略，指引和推动生态文明理论创新、实践创新、制度创新。习近平生态文明思想将马克思主义关于人与自然、生产与生态的辩证统一关系原理同中国生态文明建设实践紧密结合，实现了马克思主义关于人与自然关系思想的与时俱进。

马克思主义基本原理同中华优秀传统生态文化相结合的重大成果。习近平总书记指出："中华民族向来尊重自然、热爱自然，绵延5000多年的中华文明孕育着丰富的生态文化。"习近平生态文明思想继承和创新马克思主义自然观、生态观，创造性转化、创新性发展中华优秀传统生态文化，将"人是自然界的一部分""人类善待自然，自然也会馈赠人类"等理念同"天人合一""道法自然"等思想相结合，创新发展了中国式现代化的独特生态观，推动中华优秀传统生态文化焕发新的生机活力。

形成系统完整、逻辑严密、内涵丰富、博大精深的科学体系。习近平生态文明思想基于历史、立足当下、面向全球、着眼未来，系统阐释生态文明建设中人与自然、保护与发展、环境与民生、国内与国际等的关系，深刻回答新时代生态文明建设的根本保证、历史依据、基本原则、核心理念、宗旨要求、战略路径、系统观念、制度保障、社会力量、全球倡议等一系列重大理论与实践问题，对新形势下生态文明建设的战略定位、目标任务、总体思路、重大原则作出系统阐释和科学谋划，深刻阐明了关于生态文明建设的认识论、价值论和方法论，形成系统完整、逻辑严密、内涵丰富、博大精深的科学体系，为建设人与自然和谐共生的现代化提供了科学的世界观和方法论。

坚持以科学的世界观和方法论指导生态文明建设

习近平总书记指出："生态环境是关系党的使命宗旨的重大政治问

题，也是关系民生的重大社会问题。”建设人与自然和谐共生的现代化，必须深刻把握习近平新时代中国特色社会主义思想的世界观和方法论，坚持好、运用好贯穿其中的立场观点方法，把习近平生态文明思想贯彻落实到生态文明建设各方面全过程。

必须坚持人民至上。习近平总书记强调：“生态文明建设最能给老百姓带来获得感，环境改善了，老百姓体会也最深。”建设人与自然和谐共生的现代化，为人民群众提供更多优质生态产品，深刻体现习近平总书记的人民情怀，是对新时代生态文明建设为了谁、依靠谁、成果由谁共享这一根本问题的科学回答。必须坚持人民至上，坚持生态惠民、生态利民、生态为民，让人民群众在绿水青山中共享自然之美、生命之美、生活之美。

必须坚持自信自立。习近平总书记指出：“我们建设现代化国家，走美欧老路是走不通的”“走老路，去消耗资源，去污染环境，难以为继”。推进中国式现代化，实现人与自然和谐共生，必须坚持自信自立，把生态文明建设放在突出位置，努力探索以生态优先、绿色发展为导向的高质量发展新路子，坚定不移走生产发展、生活富裕、生态良好的文明发展道路，不断谱写生态文明建设新篇章。

必须坚持守正创新。生态文明建设是“国之大者”，是利国利民利子孙后代的重要工作。建设人与自然和谐共生的现代化，必须坚持守正创新，始终坚持以习近平生态文明思想为指导，保持加强生态文明建设的战略定力，着力推动经济社会全面绿色转型。同时，不断拓展认识的广度和深度，持续加大技术、政策、管理创新力度，不断提升精准、科学、依法治污水平和环境治理能力，不断开创生态文明建设新局面。

必须坚持问题导向。我们党坚持把解决生态环境领域突出问题作为生态文明建设的出发点和落脚点，把化解矛盾、破解难题作为打开生态环境保护工作局面的突破口。当前，我国生态文明建设仍然面临诸多矛盾和挑战，生态环境保护任务依然艰巨。建设人与自然和谐共生的现代化，必须坚持问题导向，不断增强问题意识，聚焦生态文明建设面临的新形势新任务新要求，不断提高认识问题、分析问题、解决问题的政治能力、战略眼光和专业水平。

必须坚持系统观念。生态文明建设是一项长期的战略任务，也是一个复杂的系统工程。建设人与自然和谐共生的现代化，必须坚持系统观念，不断提高战略思维、历史思维、辩证思维、系统思维、创新思维、法治思维、底线思维能力，加强前瞻性思考、全局性谋划、整体性推进，坚持山水林田湖草沙一体化保护和系统治理，统筹产业结构调整、污染治理、生态保护、应对气候变化，协同推进降碳、减污、扩绿、增长，切实把系统观念贯穿到生态保护和高质量发展全过程。

必须坚持胸怀天下。习近平总书记指出："人类只有一个地球，保护生态环境、推动可持续发展是各国的共同责任。"地球是全人类赖以生存的唯一家园，保护自然就是保护人类，建设生态文明就是造福人类。建设人与自然和谐共生的现代化，必须坚持胸怀天下，站在对人类文明负责、为子孙后代负责的高度，携手世界各国共筑生态文明之基，共走绿色发展之路，共建地球生命共同体，积极构建人与自然和谐共生、经济与环境协同共进、世界各国共同发展的地球家园。

习近平生态文明思想是新时代生态文明建设的根本遵循和行动指南，在科学指导新时代生态文明建设的实践中，其科学性和真理性得到了充分检验、人民性和实践性得到了充分贯彻、开放性和时代性得到了充分彰显。

（《人民日报》2023年6月5日第9版）

第八章

推动构建人类命运共同体

推动建设更加美好的世界

孙壮志

党的二十大报告把“推动构建人类命运共同体”作为中国式现代化的本质要求之一。中国式现代化是强国建设、民族复兴的康庄大道，也是中国谋求人类进步、世界大同的必由之路。在推进现代化建设中，我们始终高举人类命运共同体旗帜，把中国发展置于人类发展进步的时代潮流之中，以中国发展新成就不断为世界发展提供新机遇，与世界良性互动、共同进步，既为中国式现代化创造有利条件、营造良好环境，又为人类和平与发展的崇高事业作出重大贡献。

体现中国式现代化的鲜明特色和本质属性

中国式现代化是中国共产党领导的社会主义现代化，走和平发展道路是其鲜明特色。新时代以来，中国外交以服务民族复兴、促进人类进步为主线，推动构建人类命运共同体，携手各国建设一个持久和平、普遍安全、共同繁荣、开放包容、绿色低碳的世界。这反映了中国式现代化的世界愿景，体现了中国式现代化的鲜明特色和本质属性。

体现中国共产党一以贯之的初心使命。中国共产党是为中国人民谋幸福、为中华民族谋复兴的党，也是为人类谋进步、为世界谋大同的党。中国共产党的领导决定中国式现代化的根本性质，党的初心使命决定中国式现代化既造福中国人民、也促进世界共同发展。从领导人民在世界反法西斯战争中浴血奋战，到新中国成立后倡导和坚持和平共处五项原则、推动建立国际政治经济新秩序，中国共产党始终以世界眼光关注人类前途命运，从人类发展大潮流、世界变化大格局、中国发展大历史正确认识和处理同外部世界关系。新时代，我们党把握我国发展新的历史方位，推动构建人类命运共同体，不断彰显造福中国人民和促进世界共同发展的使命担当，在推进中国式现代化建设中为人类作出更大贡献，携手世界一切进步力量推动历史车轮向着光明前途前进。

体现科学社会主义的基本原则和崇高追求。中国式现代化是社会主义现代化，而不是别的什么现代化。科学社会主义站在人民的立场探求人类自由解放的道路，为人类建立一个没有压迫、没有剥削、人人平等、人人自由的理想社会指明了方向。中国式现代化推动构建人类命运共同体，积极回应各国人民求和平、谋发展、促合作的共同诉求，这是科学社会主义基本原则、崇高追求在新的历史条件下的生动彰显。西方资本主义现代化建立在对外殖民掠夺、对内剥削人民的原始积累基础上，给广大发展中国家人民带来深重苦难。中国式现代化始终坚持社会主义目标和方向，摒弃损人利己、殖民掠夺的老路，在坚定维护世界和平与发展中谋求自身发展，又以自身发展更好维护世界和平与发展。中国以和平方式取得现代化巨大成就，创造了人类现代化史上的奇迹，也展现了科学社会主义的先进本质。

体现中华优秀传统文化的天下情怀。中国式现代化赓续古老中华文明，是从中华大地长出来的现代化，传承着中华优秀传统文化的精神和思想基因。中华优秀传统文化有着天下为公、天下大同的社会理想，民为邦本、为政以德的治理思想，奉行讲信修睦、亲仁善邻的交往之道，这塑造了中国式现代化独特的世界观、文明观，赋予中国式现代化“兼济天下”的博大胸怀。新时代以来，中国对世界经济增长的贡献率连续多年超过 30%，成为拉动世界经济增长的重要引擎。中国积极参与联合国维和、亚丁湾护航等行动，积极建设开放型世界经济，高质量共建“一带一路”，有力维护世界和平、促进共同发展。中国推进现代化的进程，也是传承弘扬天下情怀、不断贡献世界的过程。

为中国式现代化营造良好环境

今天，伴随着经济全球化发展和科学技术进步，世界越来越成为一个整体。任何一个国家追求现代化，都不可能仅仅依靠自己、在封闭条件下实现。中国式现代化，是我们党团结带领人民通过独立自主的艰辛探索开辟的，也是在扩大对外开放、与其他国家进行良性互动的过程中不断推进的。推动构建人类命运共同体，把中国的命运与世界的发展紧密联系在一起，能够为中国式现代化的顺利推进创造有利条件、营造良好环境。

倡导践行共同、综合、合作、可持续的安全观，为中国式现代化营造良好安全环境。安全是发展的前提。推进中国式现代化，需要一个和平稳定的环境。和平需要各国共同维护，只有各国都走和平发展道路，国与国才能和平相处、共同发展。中国推动构建人类命运共同体，倡导各国秉持相互尊重、公平正义、合作共赢的原则，走对话不对抗、结伴不结盟的国与国交往新路；倡导人类是不可分割的安全共同体，各国应坚持共同、综合、合作、可持续的安全观，重视他国合理安全关切，通过对话协商解决国家间分歧和争端。中国在和平共处五项原则基础上同各国发展友好合作，向世界郑重承诺永远不称霸、永远不搞扩张，同时坚决维护自身主权、安全、发展利益。积极参与国际安全治理，在全球热点问题解决中发挥建设性作用。中国的一系列行动举措赢得国际社会赞誉，也为自身现代化建设营造了良好安全环境。

倡导践行开放、融通、互利、共赢的合作观，为中国式现代化营造良好发展环境。发展是第一要务，中国式现代化一切美好愿景的实现都建立在经济社会不断发展的基础之上。经济全球化使世界经济连为一体，你中有我、我中有你，各国需要加强互联互通才能共同发展。中国推动构建人类命运共同体，倡导开放、融通、互利、共赢的合作观，主张合作共赢应该成为各国处理国际事务的基本政策取向；通过引导经济全球化向正确方向发展，更多释放其正面效应，让发展成果惠及世界各国。中国坚持对外开放基本国策，积极推进双边、区域和多边合作，不断扩大与各国利益的汇合点。推动共建“一带一路”，推动达成《区域全面经济伙伴关系协定》，连续5年举办进博会……在与世界各国的广泛合作中，中国对外开放能力得到持续提升，中国式现代化发展空间不断拓展。

倡导践行平等、互鉴、对话、包容的文明观，为中国式现代化营造良好人文环境。中国式现代化既遵循现代化一般规律，又立足本国国情，具有鲜明中国特色。作为人类文明新形态，中国式现代化不断与人类社会各种文明交流互鉴。今天，不少发展中国家还在现代化道路上艰辛探索。一些人错误地将西方现代化道路作为实现现代化的唯一道路，把现代化上“先发”与“后发”的原因归结为文明的优劣，甚至渲染“文明冲突论”，给世界和平与发展蒙上阴影。中国推动构建人类命运共同体，倡导坚持平等、互鉴、对话、包容的文明观，不同国家应尊重彼此历史、国情和发展道路，进行交流互鉴，实现和谐共生。中国提出全球文明倡议，致力于推动文明交流互鉴，加强国际人文交流合作，促进各国人民相知相亲。这为中国式现代化在与其他文明的交流互鉴中取长补短、不断推进创造了有利条件。

倡导践行共商共建共享的全球治理观，为中国式现代化营造良好秩序环境。近年来，随着国际经济力量对比深刻调整，国际社会要求变革全球治理体系，使之更适应变化了的世界政治经济秩序的呼声越来越高。中国推动构建人类命运共同体，主张坚持共商共建共享的全球治理观，各国共同书写国际规则、共同治理全球事务、共同分享发展成果，推动全球治理体系向着更加公正合理的方向发展。中国坚持真正的多边主义，坚定支持加强联合国作用，反对一切形式的单边主义。积极参与全球治理变革，增强全球治理的代表性、包容性、有效性，推动全球治理体系更好反映广大发展中国家的正当权益和合理诉求，从而既维护国际公平正义，又为中国式现代化营造有利的外部环境。

携手向着构建人类命运共同体的方向前行

习近平总书记指出："构建人类命运共同体是世界各国人民前途所在。"经过十年的丰富发展，构建人类命运共同体已经形成既有总目标、总布局又有具体路径、实践平台的完整思想体系。中国将始终坚持维护世界和平、促进共同发展的外交政策宗旨，与各国携手向着构建人类命运共同体的方向前行。

以推动构建新型国际关系为根本路径，深化拓展全球伙伴关系。中国推动构建新型国际关系，深化拓展平等、开放、合作的全球伙伴关系。推动构建和平共处、总体稳定、均衡发展的大国关系格局，促进大国协调和良性互动。始终将周边置于外交全局的首要位置，不断深化同周边国家友好互信和利益融合，打造周边命运共同体。秉持真实亲诚理念和正确义利观，加强同发展中国家团结合作，维护发展中国家共同利益。

以全人类共同价值为价值追求，深化文明交流互鉴。构建人类命运共同体需要凝聚价值共识、夯实价值认同。倡导弘扬和平、发展、公平、正义、民主、自由的全人类共同价值，以宽广胸怀理解不同文明对价值内涵的认识，尊重不同国家人民对价值实现路径的探索。推动不同文明包容共存、交流互鉴，反对将自己的价值观和模式强加于人，不搞意识形态对抗。

以共建“一带一路”为实践平台，促进世界共同发展。以共建“一带一路”为实践平台推动构建人类命运共同体，是着眼于我国改革开放和长远发展提出来的，顺应时代要求和各国加快发展的愿望。在各方共同努力下，共建“一带一路”给参与国家和地区带来了实实在在的利益。要坚持开放、绿色、廉洁理念，以高标准、可持续、惠民生为目标，正确把握新形势，不断夯实发展根基，拓展合作新领域，推动共建“一带一路”高质量发展。

以“三大全球倡议”为重要依托，推动构建人类命运共同体走深走实。全球发展倡议、全球安全倡议、全球文明倡议，为推动构建人类命运共同体提供了坚实支撑。倡导各国坚持发展优先，促进全球平衡、协调、包容发展，以更务实有效举措推动共同发展。积极参与全球安全规则制定，加强国际安全合作，构建均衡、有效、可持续的安全架构。坚持文明平等、互鉴、对话、包容，推动构建全球文明对话合作网络，丰富交流内容，拓展合作渠道，与国际社会一道共同开创世界各国人文交流、文化交融、民心相通新局面。“三大全球倡议”的落实落地，必将推动构建人类命运共同体不断走深走实。

（《人民日报》2023 年 8 月 18 日第 9 版）

走共建共享共赢之路

宋国友

现代化是世界发展的历史潮流，实现现代化是世界各国的普遍追求。当今世界，世界经济复苏乏力，发展鸿沟拉大，和平赤字、发展赤字、安全赤字、治理赤字加重，霸权霸道霸凌行径给人类现代化进程带来威胁和挑战。零和博弈还是合作共赢？在人类现代化进程面临关键抉择的历史时刻，习近平主席指出："任何国家追求现代化，都应该秉持团结合作、共同发展的理念，走共建共享共赢之路。"共建共享共赢的现代化之路，有力回答现代化之问，指引人类现代化进程的正确方向，为开辟世界现代化新图景提供了中国智慧和中国方案。

共建为人类现代化提供新的实践方式。今天，人类交往交流比过去任何时候都更深入、更广泛，各国相互联系和彼此依存比过去任何时候都更频繁、更密切。同时，人类社会进入风险增多、挑战频发的时期，如地区争端和恐怖主义、气候变化、网络安全、生物安全等一系列问题成为全人类面临的共同挑战。人类是一个一荣俱荣、一损俱损的命运共同体。无论是推进现代化建设，还是应对风险挑战，任何国家都无法独自完成。只有加强全球互联互通，世界各国才能实现联动增长；只有齐心协力应对挑战，才能战胜挑战、开辟未来。加强协调与合作，共同做大人类现代化的“蛋糕”，是顺应时代潮流的必然选择。

共享为人类现代化提供新的分配方式。每个国家都有通过推进现代化实现经济发展、社会进步、民生改善的权利。当前，全球公平性问题日益突出，南北发展差距面临扩大甚至固化的风险。利益共享的现代化才是可持续的现代化。只有增强现代化成果的普惠性，促进各国共同发展，世界才能更好发展。国际社会应坚持共享的原则，保障发展中国家正当发展权益，促进权利平等、机会平等、规则平等，努力让现代化成果更多更公平惠及各国人民。

共赢为人类现代化提供新的思维方式。历史上一些国家通过战争、殖民、掠夺等方式实现现代化，给广大发展中国家人民带来深重苦难。在和平、发展、合作、共赢的时代潮流中，推进现代化理应摒弃我赢你输、赢者通吃、零和博弈的旧思维，奉行双赢、多赢、共赢的新理念。吹灭别人的灯，并不会让自己更加光明；阻挡别人的路，也不会让自己行得更远。一国的成功并不意味着另一国必然失败，这个世界完全容得下各国共同成长和进步。共赢的思维方式，能够为人类现代化汇聚更强大的正能量。

中国人始终认为，世界好，中国才能好；中国好，世界才更好。在人类历史上，有过各种现代化尝试。中国式现代化把自身利益和全球利益高度结合，既为中国人民谋幸福，也为世界谋大同。作为全新的现代化模式，中国式现代化是走共建共享共赢之路的生动实践。

中国实现现代化是世界和平力量的增长，是国际正义力量的壮大。长期以来，中国保持社会和谐稳定、人民安居乐业，成为国际社会公认的最有安全感的国家之一。新中国成立70多年来，中国没有主动挑起过任何一场战争和冲突，没有侵占过别国一寸土地。中国本着负责任大国担当，从自身现代化建设所需和平环境出发，参与地区热点问题政治解决，积极劝和促谈，为维护世界和平和地区稳定发挥建设性作用。

在全球现代化史上，中国创造的经济快速发展奇迹令人瞩目。目前，中国经济总量占世界经济比重超过18%，稳居世界第二大经济体。中国连续多年对世界经济增长的贡献率超过30%，为促进国际自由贸易、稳定世界经济增长发挥着重要压舱石和动力源作用。中国是140多个国家和地区的主要贸易伙伴，这充分体现了中国作为全球第一大工业国对其他国家经济作出的贡献。特别是在全球经济遭遇金融危机和疫情冲击等危急时刻，中国用负责任的经济政策和实实在在的行动为世界经济复苏注入正能量。中国实现现代化，为世界带来的是更多的市场机遇、投资机遇和增长机遇。

作为人类文明新形态，中国式现代化极大丰富世界文明百花园。中国式现代化弘扬和平、发展、公平、正义、民主、自由的全人类共同价值，既重视文明传承和创新，推动中华文明重焕荣光；又重视与其他文明相互借鉴，在交流互鉴中共同进步。中国实现现代化，为中华文明和世界文明发展带来新的活力和动力。

这个时代，充满挑战，也充满希望。唯有走共建共享共赢之路，才能汇聚各具特色的现代化事业之合力，形成推动世界繁荣进步的时代洪流。中国将始终在历史前进的逻辑中前进、在时代发展的潮流中发展，深入推进中国式现代化，携手各国同行现代化之路，不断为推进人类现代化进程作出新贡献。

（《人民日报》2023 年 8 月 18 日第 9 版）

坚持独立自主　扩大对外开放
以中国式现代化新成就为世界发展提供新机遇

高　飞

当前，世界之变、时代之变、历史之变正以前所未有的方式展开。我们既面临着新一轮科技革命和产业变革深入发展带来的战略机遇，也面临着国际形势不稳定性、不确定性增多带来的风险挑战。在百年变局中推进中国式现代化，要处理好自立自强与对外开放的关系，统筹好国内国际两个大局，用好国内国际两种资源，在独立自主、自立自强前提下不断扩大高水平对外开放，拓展中国式现代化的发展空间。

坚持独立自主、自立自强，是推进中国式现代化的前提和基础。世界现代化史表明，没有独立自主，国家只能处处被动受限；没有自立自强，不可能获得长远发展。无论何时，我们都要把国家和民族发展放在自己力量的基点上，把发展进步的命运牢牢掌握在自己手中。坚持对外开放，为推进中国式现代化提供保障和动力。改革开放以来，中国的发展得益于中国自身改革释放的巨大发展潜力，同时也受益于对外开放对接经济全球化带来的时代机遇。中国通过对外贸易、引进外资、学习先进技术与管理经验等，深度参与全球产业分工与合作，在国际竞争中成长为世界经济增长的重要动力源。当今世界已经成为你中有我、我中有你的命运共同体，在自主中扩大开放、在开放中坚持自主，中国式现代化才能更好推进。

习近平总书记强调：“我们开放的大门永远是敞开的，同时一定要定下心来，一心一意走自己的路，而且要建立这样的一种自信，就是我们一定会把自己的事业办好，屹立于世界民族之林。”中国是世界经济增长的重要引擎，发展动力越充足，就越能推动世界经济发展。同时，中国经济是开放的经济，与世界联系越紧密，中国就越发展。要坚持“把自己的事业办好”的自信，坚持“开放的大门永远是敞开的”胸怀，扎实推进中国式现代化，以中国式现代化新成就为世界发展提供新机遇。

坚持做好自己的事，夯实参与国际经济合作的基础。当今中国，拥有 14 亿多人口和超过 4 亿人的中等收入群体，是世界第二大经济体和第一大工业国，拥有世界上最为完整的工业体系，在全球产业链供应链中扮演着重要角色。要抓住高质量发展这个首要任务，加快构建新发展格局。依托超大规模市场优势，以国内大循环吸引全球资源要素，增强国内国际两个市场两种资源联动效应，为世界各国提供更加广阔的市场机会，打造我国新的国际合作和竞争优势。推进高水平科技自立自强，增强我国产业链供应链的韧性，增强发展的安全性稳定性，在实现自身经济高水平可持续发展的同时，为促进世界经济稳定增长发挥更大作用。

稳步扩大制度型开放，提高对外开放水平。近年来，经济全球化遭遇逆流，个别国家奉行单边主义、保护主义，强行“脱钩”“断链”，给国际经贸合作带来严重的不确定性。中国始终坚持推动建设开放型世界经济，稳步扩大规则、规制、管理、标准等制度型开放，让开放的大门越开越大。对标国际高标准经贸规则，主动适应国际经贸规则重构新趋势，加快构建与国际通行规则相衔接的制度体系和监管模式，破除国际市场与国内市场联通的制度壁垒，促进国内外规制对接与融通。合理缩减外资准入负面清单，扩大鼓励外商投资范围。对照国际高标准、高水平，持续推动贸易和投资自由化便利化，加快营造市场化、法治化、国际化一流营商环境。通过更高水平的对外开放深度融入全球经济，促进各国共享经济全球化深入发展的机遇和成果。

积极参与国际规则制定，推动形成更加公正合理的全球经济治理体系。西方国家主导的现代化进程，形成了国际体系的“中心—边缘”结构，处于边缘地区的广大发展中国家长期处于不利地位。伴随经济全球化深入推进，这种国际经济体系的弊端不断显露，推动世界经济健康发展必须改革完善全球经济治理体系。中国坚持共商共建共享的全球治理观，积极参与国际经贸规则和标准制定，推动全球经济治理体系朝着更加公正合理的方向发展。推动世界贸易组织、二十国集团、亚太经合组织等多边机制更好发挥作用，深入参与金砖国家、上合组织、《区域全面经济伙伴关系协定》等机制合作，促进国际宏观经济政策协调，维护多元稳定的国际经济格局。积极推进加入《全面与进步跨太平洋伙伴关系协定》《数字经济伙伴关系协定》，密切跟踪新一轮科技革命和产业变革的进展，增强在数字经济、绿色发展等新兴领域经济治理规则的制定能力。有序推进人民币国际化，推动国际金融体系改革，维护公平开放的全球金融市场。通过形成更加包容的全球治理、更加有效的多边机制，深化国际合作，实现互利共赢。

（《人民日报》2023 年 8 月 18 日第 9 版）

链接阅读

中国式现代化是走和平发展道路的现代化

习近平外交思想研究中心

党的二十大擘画了全面建成社会主义现代化强国、以中国式现代化全面推进中华民族伟大复兴的宏伟蓝图。习近平总书记在新进中央委员会的委员、候补委员和省部级主要领导干部学习贯彻习近平新时代中国特色社会主义思想和党的二十大精神研讨班开班式上强调："实践证明，中国式现代化走得通、行得稳，是强国建设、民族复兴的唯一正确道路。"中国式现代化，是中国共产党领导的社会主义现代化，既有各国现代化的共同特征，更有基于自己国情的中国特色。我国不走一些国家通过战争、殖民、掠夺等方式实现现代化的老路，始终坚持在和平发展道路上推进现代化，取得了举世瞩目的发展成就。我们坚定站在历史正确的一边、站在人类文明进步的一边，高举和平、发展、合作、共赢旗帜，在坚定维护世界和平与发展中谋求自身发展，又以自身发展更好维护世界和平与发展。

走和平发展道路是中国式现代化的鲜明特征和必然选择

走和平发展道路，是中国式现代化的中国特色之一。中国对现代化道路的探索，始终伴随着对坚持走和平发展道路的理论和实践创新。走和平发展道路，既是中国式现代化顺利推进的重要前提条件，也是其有效保障和有力支持；既反映出中国共产党对有利国际环境的主动战略塑造，更赋予中国式现代化宏阔世界眼光和强大道义力量。

新中国成立后，我们党大力倡导和平共处五项原则，这是新中国对外政策的重要基石。党的十一届三中全会后，我们党提出和平与发展是当今时代的主题，把争取一个较长时期的国际和平环境和良好的周边环境作为外交工作的目标和任务，为改革开放和社会主义现代化建设顺利开展奠定重要基础。进入21世纪，我们党明确提出走和平发展道路，在2005年发布《中国的和平发展道路》白皮书、在2011年发布《中国的和平发展》白皮书，将坚持和平发展道路写入党章。党的十八大以来，习近平总书记强调："中国坚持走和平发展道路""无论发展到什么程度，中国永远不称霸、永远不搞扩张"。2018年中国将坚持和平发展道路写入宪法，体现了致力于走和平发展道路的坚定决心。新时代，中国和平发展道路越走越宽广，中国式现代化道路也越走越宽广。

走和平发展道路，是由中国共产党性质宗旨和我国社会主义制度性质所决定的。中国共产党是马克思主义政党，执政领导的中国是社会主义国家。马克思主义政党肩负崇高使命，追求远大理想，具有世界情怀。中国共产党既为中国人民谋幸福、为中华民族谋复兴，也为人类谋进步、为世界谋大同，始终把为人类作出新的更大贡献作为自己的使命。社会主义制度是先进社会制度，主张和平是中国特色社会主义的本质属性。社会主义中国对内追求公平正义、共同富裕、社会和谐，对外主持公道、捍卫公理、伸张正义。坚持走和平发展道路，是中国式现代化的必然选择。

中国的和平发展道路开辟人类走向现代化的全新道路，开辟人类追求文明进步的全新道路。一些国家在现代化过程中对外侵略、殖民、掠夺，给广大发展中国家人民带来深重苦难，至今仍有个别国家推行霸权主义、强权政治。中国式现代化不靠对外军事扩张和殖民掠夺，而是与世界合作共赢、共建共享，坚持走和平发展道路，打破了对外扩张掠夺的现代化老路，顺应人类发展进步的时代潮流，为人类对现代化道路的探索作出重要贡献，意义十分深远。

新时代走和平发展道路具有丰富内涵

中国特色社会主义进入新时代，习近平总书记围绕新时代为什么必须坚持走和平发展道路、如何继续走好和平发展道路等一系列重大理论和实践问题作出重要论述。这些重要论述具有十分丰富的内涵，深化了我们党对走和平发展道路的规律性认识，指引我们在百年未有之大变局中把和平发展道路持续走通、走顺、走好。

坚持走和平发展道路，要坚持以相互尊重、合作共赢为基础。习近平总书记指出：“坚持以相互尊重、合作共赢为基础走和平发展道路”。这为我们走好和平发展道路明确了方向和路径，进一步丰富了走和平发展道路的战略内涵。和平需要相互尊重，发展需要合作共赢。和平发展道路能不能走得通，很大程度上要看我们能不能把世界的机遇转变为中国的机遇，把中国的机遇转变为世界的机遇，在中国与世界各国良性互动、互利共赢中开拓前进。要在宏阔时空中把握好民族复兴和人类进步的重大命题，在世界大局和时代潮流中把握中国前进方向、促进各国发展。

坚持走和平发展道路，是根据时代潮流和我国根本利益作出的战略抉择。随着中国发展壮大，国际社会对我国战略走向的关注不断增多，并将伴随中华民族伟大复兴的整个过程。习近平总书记统筹国内国际两个大局，贯通历史、现实和未来，阐明中国走和平发展道路的必然性。习近平总书记指出：“走和平发展道路，是中国对国际社会关注中国发展走向的回应，更是中国人民对实现自身发展目标的自信和自觉。这种自信和自觉，来源于中华文明的深厚渊源，来源于对实现中国发展目标条件的认知，来源于对世界发展大势的把握。”中国走和平发展道路，是思想自信和实践自觉的有机统一，是我们党根据时代发展潮流和我国根本利益作出的战略抉择。这深化了我们对为什么走和平发展道路的认识，有力引导国际社会进一步正确认识和对待中国的发展。

坚持走和平发展道路，要推动各国共同走和平发展道路。习近平总书记指出："中国走和平发展道路，其他国家也都要走和平发展道路，只有各国都走和平发展道路，各国才能共同发展，国与国才能和平相处。"和平发展是国际社会大家的事，是各国共同的责任。只有各国共谋和平、共护和平，才能共享和平。把中国的和平发展同世界的和平发展紧密相连，是对走和平发展道路理论内涵的重要发展，既为我国和平发展争取更多外部理解和支持，又凝聚国际社会致力于和平发展的共识和力量，为我国走和平发展道路开辟更加广阔的空间。

坚持走和平发展道路，必须坚守维护国家核心利益的底线。习近平总书记强调："任何外国不要指望我们会拿自己的核心利益做交易，不要指望我们会吞下损害我国主权、安全、发展利益的苦果。"走和平发展道路，与世界合作共赢，是以决不放弃正当权益，决不牺牲国家核心利益为底线的。维护中国国家利益与促进世界和平发展是辩证统一的。中国主权、安全、发展利益和民族尊严绝不允许任何势力侵犯，同时任何力量也不能动摇我们坚持和平发展的信念。

走和平发展道路的现代化为人类文明进步作出巨大贡献

中国式现代化造福中国、利好世界，不仅使中国在短短几十年时间内成为"世界现代化的增长极"，也创造人类文明新形态，为人类和平与发展的崇高事业作出巨大贡献。中国的发展是世界和平力量的增长，是全球发展新机遇的增长。中国共产党团结带领中国人民在和平发展道路上推进中国式现代化，推动历史车轮向着光明前途前进。

为维护世界和平展现中国担当。新中国成立 70 多年来，中国没有主动挑起过任何一场战争和冲突，没有侵占过别国一寸土地。中国积极参与国际军控、裁军和防扩散进程，反对军备竞赛，维护全球战略平衡与稳定，是派遣维和人员最多的安理会常任理事国和联合国第二大维和摊款国。中国恪守客观公正，坚持对话协商方式，积极参与解决朝鲜半岛、伊朗核、阿富汗等热点问题。坚持真正的多边主义，在全球安全治理中发挥建设性作用，凝聚共识、加强团结、汇聚合力，合作抗击新冠疫情，共同应对地区争端和恐怖主义、气候变化、网络安全、生物安全等全球性问题。中国始终不渝奉行独立自主的和平外交政策，坚持在和平共处五项原则基础上同各国发展友好合作关系，维护国际关系基本准则，维护国际公平正义，坚定做世界和平的维护者。

为促进共同发展作出中国贡献。中国经济连续多年保持稳定增长，近 10 年对世界经济增长的平均贡献率超过 30%。中国倡导创立亚洲基础设施投资银行和金砖国家开发银行，开创发展中国家组建多边金融机构的先河。作为全球减贫与发展事业的倡导者、推动者和践行者，中国积极支持和帮助广大发展中国家特别是最不发达国家消除贫困。中国构建并不断扩大面向全球的高标准自由贸易区网络，已成为 140 多个国家和地区的主要贸易伙伴，推动《区域全面经济伙伴关系协定》生效实施，举办国际进口博览会，同世界各国分享发展机遇。中国提出共建“一带一路”倡议，携手各方打造当今世界范围最广、规模最大的国际合作平台。中国将坚定奉行互利共赢的开放战略，推动建设开放型世界经济，与各国共同培育全球发展新动能，让发展成果更好惠及各国人民。

为人类文明进步提供中国方案。面对“世界向何处去、人类怎么办”的时代之问，习近平总书记提出构建人类命运共同体重大理念，引领时代潮流和人类前进方向。凝聚不同国家、不同文明的价值共识，提出坚守和弘扬和平、发展、公平、正义、民主、自由的全人类共同价值，为加强国际社会团结提供了共同价值纽带。面对全球和平赤字、发展赤字、安全赤字、治理赤字加重的挑战，提出全球发展倡议和全球安全倡议，为推动全球迈向平衡协调包容发展新阶段、迈向持久和平普遍安全的康庄大道贡献中国方案。中国将继续发挥负责任大国作用，弘扬全人类共同价值，努力落实全球发展倡议和全球安全倡议，为世界注入更多稳定性确定性，以中国智慧和中国方案为破解全球性问题注入新思想新理念，携手各国推动构建人类命运共同体走深走实。

（执笔：吴晓丹）

（《人民日报》2023 年 2 月 14 日第 9 版）

努力为人类和平与发展事业贡献中国智慧、中国方案

当代世界研究中心

习近平主席在二〇二三年新年贺词中指出："今天的中国，是紧密联系世界的中国"，郑重宣示中国"坚定站在历史正确的一边、站在人类文明进步的一边，努力为人类和平与发展事业贡献中国智慧、中国方案"。中国的发展离不开世界，世界的繁荣也需要中国。中国坚持与世界各国命运与共，始终把自身发展置于人类发展的坐标系中，始终把中国人民利益同各国人民共同利益结合起来，在紧密联系世界中发展自身，又以自身发展促进世界繁荣稳定。伴随扎实推进中国式现代化的前进步伐，中国将更加紧密联系世界，携手各国共同开创世界更加美好的未来。

中国在同世界良性互动中不断发展

中国是世界的中国，中国的发展与世界密不可分。新中国成立后，

我们努力打破外部封锁，积极开展经贸、文化等对外交流。改革开放以来，中国积极顺应经济全球化潮流，坚持对外开放基本国策，打开国门搞建设。新时代，中国着力推进高水平对外开放，拥抱世界、学习世界、贡献世界，与世界良性互动、共同发展。

当前，中华民族伟大复兴战略全局与世界百年未有之大变局历史性交汇，中国与世界的关系发生深刻变化。中国对世界的影响，从未像今天这样全面、深刻、长远；世界对中国的关注，也从未像今天这样广泛、深切、聚焦。中国坚持在和平共处五项原则基础上同各国发展友好合作。促进大国协调和良性互动，推动构建和平共处、总体稳定、均衡发展的大国关系格局。坚持亲诚惠容和与邻为善、以邻为伴周边外交方针，深化同周边国家友好互信和利益融合。秉持真实亲诚理念和正确义利观，加强同发展中国家团结合作。目前，我国建交国总数达到 181 个，同世界各国和地区组织建立伙伴关系 113 对，“朋友圈”不断扩大，全球伙伴关系网络越织越密。党际交往全面开展，我们党同世界上 600 多个政党和政治组织保持着不同形式的联系，交流分享治党治国经验，开展文明对话，增进战略互信，促进务实合作。

中国对外开放的大门越开越大，深化合作的步伐从未停歇。2022 年，中国实际使用外资金额超过 1.2 万亿元，吸引外资和对外投资稳居世界前列。当前，我国已成为 140 多个国家和地区的主要贸易伙伴，构建并不断扩大面向全球的高标准自由贸易区网络。2022 年，中国的进出口贸易总额突破 40 万亿元大关。2022 年，中欧班列开行 1.6 万列、发送 160 万标箱，通达欧洲约 200 个城市，大大促进了欧亚大陆互联互通。北京 2022 年冬奥会、冬残奥会成功举办，国际社会看到一个更加自信、自强、开放、包容的中国。从经贸投资到人文交流，中国开展全方位、宽领域、多层次的对外交流合作。

中国以更加开放的姿态融入世界，在与世界的紧密联系中取得举世瞩目的发展成就。2022 年，中国国内生产总值达 121 万亿元，继续保持世界第二大经济体地位。人均国内生成总值达到 85698 元，比上年实际增长 3%。中国着力增强国内市场和国际市场的联通性，更好利用国内国际两个市场两种资源，构建新发展格局迈出坚实步伐，高质量发展的基础更牢、成色更足、动能更充沛。

中国为世界注入更多稳定性和正能量

当今世界正经历百年未有之大变局，这是世界之变、时代之变、历史之变。世界经济脆弱性更加突出，地缘政治局势紧张，全球治理严重缺失，粮食和能源等多重危机叠加，人类发展面临严峻挑战。在充满不确定性的世界，中国方案、中国担当、中国智慧为世界注入更多稳定性和正能量。

以中国方案引领方向。习近平总书记提出一系列新理念新倡议，回答“世界向何处去、人类怎么办”的时代之问，深刻阐述应对全球性挑战的中国方案，为构建更加美好的世界指引方向。提出构建人类命运共同体重大理念，为世界向何处去贡献了中国方案。十年来，这一重大理念内涵不断丰富，在实践中走深走实，多次写入联合国等国际组织文件，得到国际社会广泛认同，越发彰显影响力、感召力。提出共建“一带一路”重大倡议，打造广受欢迎的全球公共产品和开放包容的国际合作平台。中国已同151个国家和32个国际组织签署合作文件，有力促进共建国家和地区经济社会发展。提出全球发展倡议、全球安全倡议，为应对日益加重的和平赤字、发展赤字、安全赤字、治理赤字注入新的动力，为推动实现更加强劲、绿色、健康的全球发展，共同守护世界和平安宁提供新思路、新支撑。目前，全球发展倡议已得到100多个国家和包括联合国在内的多个国际组织支持，近70个国家加入“全球发展倡议之友小组”。

以中国担当贡献力量。作为世界上最大的发展中国家，中国自身的持续稳定发展就是对世界和平与发展的最大贡献。2013—2021年，中国对世界经济增长的平均贡献率为38.6%。过去3年，中国经济年均增长4.5%，高于世界1.8%左右的平均水平，在世界主要经济体中保持领先，成为世界经济增长的主要稳定器和动力源。中国不仅提出一系列方案和倡议，更以实实在在的行动彰显负责任大国担当。中国是派遣维和人员最多的安理会常任理事国和联合国第二大维和摊款国，设立中国—联合国和平与发展基金并不断加大投入，在重大国际和地区热点问题解决中发挥建设性作用。在致力于实现自身发展、消除贫困的同时，积极开展南南合作，成立全球发展促进中心，创设“全球发展和南南合作基金”，为拓展全球发展合作注入活力。坚定维护以联合国为核心的国际体系、以国际法为基础的国际秩序、以联合国宪章宗旨和原则为基础的国际关系基本准则，推动世界贸易组织、二十国集团等多边机制更好发挥作用，扩大金砖国家、上海合作组织等多边机制影响力，积极参与全球经济治理、气候治理、网络安全治理、生物安全治理等，引领国际秩序朝着更加公正合理方向发展。

以中国智慧凝聚共识。中国倡导平等、互鉴、对话、包容的文明观，弘扬和平、发展、公平、正义、民主、自由的全人类共同价值，尊重世界文明多样性，呼吁以文明交流超越文明隔阂、文明互鉴超越文明冲突、文明共存超越文明优越，增进各国团结合作，共同破解全人类共同难题。中国面向不同国家和区域，搭建开放包容的文明对话平台，举办“一带一路”国际合作高峰论坛、亚洲文明对话大会等，搭建文化相知的桥梁，拉紧民心相亲的纽带，抵制妨碍人类心灵互动的观念纰缪，打破阻碍人类交往的精神隔阂。通过举办中国共产党与世界政党领导人峰会、“中国共产党的故事——习近平新时代中国特色社会主义思想在地方的实践”专题宣介会等，深入阐释中国共产党治国理政经验，为各国政党特别是广大发展中国家政党解决道路选择之困、思想理论之惑、国家发展之难提供启示，引导推动国际社会形成正确的中共观和中国观。

不断以中国新发展为世界提供新机遇

当今世界，和平、发展、合作、共赢的历史潮流不可阻挡，人心所向、大势所趋决定了人类前途终归光明。中国将坚定奉行独立自主的和平外交政策，始终如一珍视和平和发展，始终如一珍惜朋友和伙伴，不断以自身新发展为世界提供新机遇，努力纾发展之困、汇合作之力、聚创新之势、谋共享之福，为国际社会携手应对变局、开创新局增添信心和力量。

不断夯实世界和平发展之基。当前，百年变局加速演进，世界并不太平。冷战思维阴魂不散，局部冲突频仍，人类依旧面临严峻的安全挑战。世界上不少民族矛盾、宗教冲突、恐怖袭击等都同发展赤字相关，发展是解决一切问题的总钥匙。中国始终坚持维护世界和平、促进共同发展的外交政策宗旨，始终把自身发展和世界发展统一起来，持续加大对全球发展合作的资源投入，积极开展减贫、基础设施建设、教育、卫生等国际发展合作，帮助发展中国家更好融入全球产业链和价值链，坚定支持和帮助发展中国家加快发展，为各国分享中国机遇创造条件，努力通过促进发展、减少威胁世界和平的消极因素，为世界和平发展筑就更坚实根基。

持续增强全球经济复苏动能。目前世界经济复苏的动力不足，世界经济发展面临新挑战。中国经济韧性强、潜力大、活力足，长期向好的基本面依然不变。随着疫情防控进入新阶段，中国经济社会发展活力将进一步释放，作为世界经济复苏稳定器和增长发动机的作用将更加凸显。联合国发布的《2023 年世界经济形势与展望》报告预测，“中国经济复苏将支持整个区域的增长”。中国坚持把高质量发展作为全面建设社会主义现代化国家的首要任务，加快构建新发展格局，强化教育、科技、人才支撑，不断开辟发展新领域新赛道，将为世界各国提供更广阔市场空间、更多发展机遇，为全球经济复苏不断注入新动能。

共同培育全球发展势能。开放是人类社会发展大趋势，建设开放型世界经济，才能推动各国共同发展、共享繁荣，更好惠及各国人民。中国坚持越发展越开放，坚定不移奉行互利共赢的开放战略，实施更大范围、更宽领域、更深层次对外开放，旗帜鲜明反对保护主义，反对"筑墙设垒""脱钩断链"。增强国内国际两个市场两种资源联动效应，提升贸易投资合作质量和水平，深度参与全球产业分工和合作，维护多元稳定的国际经济格局和经贸关系。坚持经济全球化的正确方向，推动贸易和投资自由化便利化，推进双边、区域和多边合作，促进国际宏观经济政策协调，打造开放共享的世界。

努力提升全球发展治理效能。中国秉持共商共建共享的全球治理观，践行真正的多边主义，推动全球发展治理与时俱进、因时而变，维护多边机制的有效性，打造公正合理的治理模式，共同营造有利于发展的国际环境，提升发展的公平性、有效性、协同性。中国将继续推动"一带一路"高质量发展，推动全球发展倡议进一步落实落地，深化全球发展合作；继续推动《区域全面经济伙伴关系协定》高质量实施，让这一全球最大自贸区安排释放更大红利；积极推进加入《全面与进步跨太平洋伙伴关系协定》和《数字经济伙伴关系协定》等高标准经贸协议，为世界经济增长赋能，为全球均衡持续发展增添活力。

（执笔：齐炜　郑东超）

（《人民日报》2023 年 2 月 24 日第 9 版）

第九章

创造人类文明新形态

不断丰富和发展人类文明新形态

赵昌文

党的二十大报告明确了中国式现代化的本质要求，其中一个重要方面是“创造人类文明新形态”。习近平总书记指出，中国式现代化“是一种全新的人类文明形态”；“中国式现代化作为人类文明新形态，与全球其他文明相互借鉴，必将极大丰富世界文明百花园”。全面建成社会主义现代化强国、实现第二个百年奋斗目标，以中国式现代化全面推进中华民族伟大复兴的过程，也是一个不断丰富和发展人类文明新形态的过程。

中国式现代化创造了一种全新的人类文明形态

文明是以一定生产方式为基础，经过长期历史积累而形成的物质、精神、制度、生态等各方面发展成果的总和，是人类社会发展进步状态的集中体现。中华民族创造了绵延五千多年的灿烂文明，为人类文明进步作出了不可磨灭的贡献，但近代以后遭受了前所未有的劫难。

中国共产党自成立之日起，就把为中国人民谋幸福、为中华民族谋复兴作为自己的初心使命，团结带领中国人民不懈探索救亡图存和实现现代化的道路。在新中国成立特别是改革开放以来长期探索和实践的基础上，经过党的十八大以来在理论和实践上的创新突破，我们党成功推进和拓展了中国式现代化，创造了人类文明新形态。

这是不同于西方文明的文明形态。迄今为止，实现现代化的国家大都是欧美国家和深受西方文明影响的资本主义国家，一些人因此形成现代化就是西方化、西方文明就是现代文明的错觉。然而，资本主义制度的基本矛盾决定了资本主义文明存在着无法克服的固有矛盾。中国式现代化是中国共产党领导的社会主义现代化，摒弃了西方以资本为中心的现代化、两极分化的现代化、物质主义膨胀的现代化、对外扩张掠夺的现代化老路。中国式现代化创造的人类文明新形态，是兼顾效率与公平、全体人民真正当家作主、精神文化生活丰富、社会团结安定有序、人与自然和谐共生、推动构建人类命运共同体的文明形态，展现了不同于西方现代化模式的新图景。

这是中国特色社会主义的文明形态。二战以后，一批社会主义国家诞生，为人类文明进步作出了重要贡献。但一些社会主义国家没能正确处理现代化建设中的一系列问题，如无产阶级政党如何实现自我革命、如何找到符合本国国情的发展道路等，加之复杂国际国内因素的影响，20 世纪 80 年代末 90 年代初，世界社会主义运动遭受严重挫折。中国共产党团结带领中国人民，把马克思主义基本原理同中国具体实际、同中华优秀传统文化相结合，开辟、坚持和发展中国特色社会主义道路，让科学社会主义在21世纪焕发出新的蓬勃生机。中国式现代化创造的人类文明新形态，是中国特色社会主义的文明形态，意味着中国特色社会主义道路越走越宽广、中国特色社会主义制度越来越成熟，为世界社会主义运动注入新的动力。

这是代表人类文明进步发展方向的文明形态。中国式现代化既坚守马克思主义魂脉和中华优秀传统文化根脉，又坚持与时俱进、守正创新，挺立时代前沿。比如，在生产力发展上，贯彻新发展理念、构建新发展格局、推动高质量发展，加快建设现代化经济体系，推动经济实现质的有效提升和量的合理增长；在制度建设上，突出坚持和完善支撑中国特色社会主义制度的根本制度、基本制度、重要制度，构建系统完备、科学规范、运行有效的制度体系，不断推进国家治理体系和治理能力现代化；在文明创造上，立足中华民族伟大历史实践和当代实践，用中国道理总结好中国经验，把中国经验提升为中国理论，推动文化繁荣、建设文化强国、建设中华民族现代文明。中国式现代化创造的人类文明新形态，破解了人类社会发展的诸多难题，代表人类文明进步的发展方向，为人类对更好社会制度的探索提供了中国方案。

深刻理解创造人类文明新形态是中国式现代化的本质要求

中国式现代化是强国建设、民族复兴的唯一正确道路，拓展了发展中国家走向现代化的途径，其蕴含的理念及其实践是对世界现代化理论和实践的重大创新。创造人类文明新形态，是中国式现代化的本质要求。

中国式现代化是物质文明、政治文明、精神文明、社会文明、生态文明协调发展的现代化，实现五大文明协调发展需要创造人类文明新形态。人类文明新形态在物质文明方面，不断探索推动高质量发展的方式，实现有效市场和有为政府更好结合；在政治文明方面，不断探索完善全过程人民民主，实现民主和集中的有机统一；在精神文明方面，不断探索丰富人民精神世界的方式，实现传统和现代的融合创新；在社会文明方面，不断探索完善共建共治共享的社会治理，实现活力和秩序的有机统一；在生态文明方面，不断探索人与自然和谐共处的有效方式，实现开发和保护的统筹兼顾。人类文明新形态所形成的这些文明成果，促进实现物质富裕、政治清明、精神富足、社会安定、生态宜人，在人类历史上第一次使五大文明协调发展成为可能。

中国式现代化是走和平发展道路的现代化，开创世界各国人文交流、文化交融、民心相通新局面需要创造人类文明新形态。当今世界，多重挑战和危机交织叠加，世界经济复苏艰难，发展鸿沟不断拉大，生态环境持续恶化，冷战思维阴魂不散。各国人民对和平发展的期盼更加殷切，对公平正义的呼声更加强烈，对合作共赢的追求更加坚定。人类文明新形态从中华优秀传统文化中汲取智慧，倡导“天下为公”，为解决全球普遍存在的各种矛盾冲突提供了智慧；倡导“世界大同”，为化解全球范围内的和平赤字、发展赤字、安全赤字、治理赤字提供了动力；倡导兼收并蓄，以对话弥合分歧、以合作化解争端，坚决反对一切形式的霸权主义和强权政治，主张以团结精神和共赢思维应对复杂交织的安全挑战，营造公道正义、共建共享的安全格局。人类文明新形态的成功创造，为广大发展中国家独立自主迈向现代化树立了典范、增强了信心，为人类建设更美好社会提供更加丰富多元的路径选择，推动实现更加包容、更加普惠、更有韧性的全球发展。

中国式现代化是赓续古老文明的现代化，建设中华民族现代文明需要创造人类文明新形态。中国式现代化的推进和拓展，深深植根于我国的历史传承和文化传统之中。中华文明是原生的、独立的、自成体系的文明，赋予中国式现代化以深厚底蕴。中国共产党领导中国人民在五千多年中华文明深厚基础上开辟和发展中国特色社会主义，为中华民族伟大复兴开辟了广阔前景。在这一过程中，中国式现代化赋予中华文明以现代力量。中国共产党领导中国人民，既坚守马克思主义这个魂脉和中华优秀传统文化这个根脉，又用马克思主义激活中华优秀传统文化中富有生命力的优秀因子并赋予新的时代内涵，不断推进马克思主义中国化时代化，推动中华优秀传统文化创造性转化、创新性发展。新征程上，要不断丰富和发展人类文明新形态，继续推动文化繁荣、建设文化强国、建设中华民族现代文明。

在新的历史起点上继续丰富和发展人类文明新形态

文明进步永无止境。我们要以永远在路上的精神状态，顺应发展规律，把握历史主动，在推进中国式现代化进程中继续丰富和发展人类文明新形态。

坚持遵循现代化一般规律。现代化是世界发展的大潮流。纵观人类发展史，人类社会的前途命运在很大程度上取决于是否能够在现代化建设中正确处理人与自然、人与社会、国家与国家之间的关系。中国式现代化是世界现代化潮流的重要组成部分，既有各国现代化的共同特征，更有基于自己国情的鲜明特色。新征程上，要坚持现代化一般规律，同时扬弃和超越西方现代化老路，处理好人与自然、人与社会、国家与国家之间的关系，在推进新一轮科技革命和产业变革中贯彻新发展理念、构建新发展格局，在推动高质量发展中扎实推进全体人民共同富裕。

坚持在"两个结合"中把握历史主动。拥有马克思主义科学理论指导是我们党坚定信仰信念、把握历史主动的根本所在。推进中国式现代化是一项开创性事业，还有许多未知领域需要在实践中大胆探索。新征程上，必须坚持把马克思主义基本原理同中国具体实际、同中华优秀传统文化相结合，坚持运用辩证唯物主义和历史唯物主义，从理论和实践的结合上深入回答关系党和国家事业发展、党治国理政的一系列重大时代课题，夯实人类文明新形态的科学内涵和文明底蕴；增强历史自觉，掌握历史主动，团结一切可以团结的力量，利用一切可以利用的积极因素，在"人类知识的总和"中汲取优秀思想文化资源来创新和发展党的理论，为中国式现代化提供科学指引，推动中国号巨轮乘风破浪、行稳致远。

坚持集中精力办好自己的事情。集中精力办好自己的事情，是我们战胜各种风险挑战的关键，也是不断丰富和发展人类文明新形态的前提基础。经过长期发展，我国已稳居世界第二大经济体、第一大货物贸易国、第一大工业国，是140多个国家和地区的主要贸易伙伴，形成了完整工业体系，在全球产业链供应链中具有重要地位，对维护世界经济稳定发展发挥着重要作用。新征程上，要胸怀“两个大局”，保持战略定力，清醒认识国际国内各种风险挑战的长期性、复杂性，妥善做好应对各种困难局面的准备，协同推进改革发展稳定各项工作，更加主动办好自己的事情，大力实施创新驱动发展战略，加快实现高水平科技自立自强，不断开辟发展新领域新赛道、塑造发展新动能新优势。

坚持在文明交流互鉴中促进共同发展。中国式现代化创造的人类文明新形态，借鉴吸收一切人类优秀文明成果，用几十年时间走完西方发达国家几百年走过的工业化历程，创造了经济快速发展和社会长期稳定的奇迹。实践充分证明，中国式现代化道路走得通、行得稳，是我们强国建设、民族复兴的康庄大道，也是中国谋求人类进步、世界大同的必由之路。新征程上，要坚持尊重世界文明多样性，弘扬全人类共同价值，重视文明传承和创新；积极搭建国际发展知识交流平台，建立全球发展知识网络，同各国分享治国理政经验，促进互学互鉴，共同推动人类文明发展进步。

（《人民日报》2023年8月25日第9版）

在推进中国式现代化中建设中华民族现代文明

张继焦

党的二十大报告擘画了全面建设社会主义现代化国家、以中国式现代化全面推进中华民族伟大复兴的宏伟蓝图，概括了中国式现代化的本质要求，其中包括“创造人类文明新形态”。人类文明新形态是在对中华文明的创造性转化、创新性发展中创造和不断丰富发展的。习近平总书记指出：“建设中华民族现代文明，是推进中国式现代化的必然要求”“中国式现代化是中华民族的旧邦新命，必将推动中华文明重焕荣光。”这为我们在新征程上不断丰富和发展人类文明新形态、建设中华民族现代文明指明了前进方向。

中华文明源远流长、博大精深，历经五千多年绵延发展，焕发新的生机活力。中华优秀传统文化是中华文明的智慧结晶和精华所在，是中华民族的根和魂。中华优秀传统文化有很多重要元素，共同塑造出中华文明突出的连续性、创新性、统一性、包容性、和平性。毛泽东同志指出：“今天的中国是历史的中国的一个发展；我们是马克思主义的历史主义者，我们不应当割断历史。”中国式现代化深深植根于中华优秀传统文化，是赓续古老文明的现代化，而不是消灭古老文明的现代化。我们党用马克思主义的真理力量激活了中华民族历经几千年创造的伟大文明，使中华文明再次绽放出夺目光彩，赋予中国式现代化以深厚底蕴。新征程上，贯彻落实习近平总书记重要讲话和党的二十大精神，必须深刻把握中华文明发展规律，传承发展中华优秀传统文化，建设中华民族现代文明。

建设中华民族现代文明，为强国建设、民族复兴注入强大精神力量。推进中国式现代化是一项开创性事业，还有许多未知领域需要在实践中大胆探索。人民是中国式现代化的主体。紧紧依靠人民，尊重人民创造精神，汇集全体人民的智慧和力量，才能推动中国式现代化不断向前发展。建设中华民族现代文明，以时代精神激活中华优秀传统文化的生命力，努力从中华民族世世代代形成和积累的优秀传统文化中汲取营养和智慧，把传承和弘扬中华优秀传统文化同培育和践行社会主义核心价值观统一起来，既有利于不断增强中华民族的归属感、认同感、尊严感、荣誉感，让全体人民始终拥有团结奋斗的思想基础、开拓进取的主动精神、健康向上的价值追求；又有利于激发全民族文化创新创造活力，为推进中国式现代化提供强大精神力量。

建设中华民族现代文明，将有力推动社会主义精神文明建设。中华民族生生不息绵延发展、饱受挫折又不断浴火重生，都离不开中华文化的有力支撑。实现中华民族伟大复兴，需要物质文明极大发展，也需要精神文明极大发展。建设中华民族现代文明，挖掘中华文明中的精华，推动中华优秀传统文化创造性转化、创新性发展，使中华民族最基本的文化基因与当代文化相适应、与现代社会相协调，把跨越时空、超越国界、富有永恒魅力、具有当代价值的文化精神弘扬起来，不断融入中国现代文化体系之中，有利于引导人民树立和坚持正确的历史观、民族观、国家观、文化观，滋养当代中国人的精神世界；有利于繁荣发展文化事业和文化产业，发挥文化引领风尚、教育人民、服务社会、推动发展的作用。

建设中华民族现代文明，有利于促进人类文明交流互鉴。长期以来，中华文明同世界其他文明互通有无、交流互鉴，向世界贡献了深刻的思想体系、丰富的科技文化艺术成果、独特的制度创造，既为人类文明进步作出了突出贡献，也展示了中华民族以和为贵的和平性格、海纳百川的包容特质、天下一家的大国气度。建设中华民族现代文明，传承和发扬中华文明开放包容的精神，以文明交流超越文明隔阂、文明互鉴超越文明冲突、文明包容超越文明优越，既有利于中华文化在海纳百川、博采众长、兼收并蓄中不断焕发新的生命力，推动中华文化更好走向世界，也有利于丰富世界文明百花园，推动构建人类命运共同体。

在新的历史起点上更好担负起新的文化使命、建设中华民族现代文明，要坚定历史自信、文化自信，坚持把国家和民族发展放在自己力量的基点上、把中国发展进步的命运牢牢掌握在自己手中，立足中华民族伟大历史实践和当代实践，用中国道理总结好中国经验，把中国经验提升为中国理论；秉持开放包容，坚守好马克思主义这个魂脉和中华优秀传统文化这个根脉，不断推进马克思主义中国化时代化，有效把马克思主义思想精髓同中华优秀传统文化精华贯通起来，同时以海纳百川的开放胸襟学习和借鉴人类社会一切优秀文明成果，不断培育和创造新时代中国特色社会主义文化；坚持守正创新，守好中国式现代化的本和源、根和魂，毫不动摇坚持中国式现代化的中国特色、本质要求和重大原则，同时把创新摆在国家发展全局的突出位置，顺应时代发展要求，着眼于解决重大理论和实践问题，积极识变应变求变，谱写中华文明的当代华章。

（《人民日报》2023 年 8 月 25 日第 9 版）

坚持和发展中国特色社会主义
为人类文明进步作出新的贡献

石建勋

习近平总书记指出:“中国式现代化,是中国共产党领导的社会主义现代化”。中国式现代化创造的人类文明新形态,是中国特色社会主义的文明形态。我们党团结带领全国人民,坚持和发展中国特色社会主义,推动物质文明、政治文明、精神文明、社会文明、生态文明协调发展,创造了人类文明新形态。党的二十大报告明确了中国式现代化的本质要求之一是“创造人类文明新形态”。在强国建设、民族复兴的新征程上,我们要在坚持和发展中国特色社会主义中不断丰富和发展人类文明新形态。

坚定不移走中国特色社会主义道路。我们党始终高举中国特色社会主义伟大旗帜,既坚持科学社会主义基本原则,又不断赋予其鲜明的中国特色和时代内涵,坚定不移走中国特色社会主义道路,确保中国式现代化、人类文明新形态始终沿着正确方向前进。不断丰富和发展人类文明新形态,要善于从中华优秀传统文化中汲取治国理政的理念和思维，广泛借鉴世界一切优秀文明成果，既不走封闭僵化的老路，也不走改旗易帜的邪路，坚定不移走中国特色社会主义道路，持续推动物质文明、政治文明、精神文明、社会文明、生态文明内在统一、协调发展。

坚持马克思主义中国化时代化。我们党坚持把马克思主义作为根本指导思想，不断深化对共产党执政规律、社会主义建设规律、人类社会发展规律的认识，不断开辟马克思主义中国化时代化新境界，为推进中国式现代化、创造人类文明新形态提供科学指引。不断丰富和发展人类文明新形态，必须把马克思主义基本原理同中国具体实际相结合、同中华优秀传统文化相结合，坚持运用辩证唯物主义和历史唯物主义，聚焦实践遇到的新问题、改革发展稳定存在的深层次问题、人民群众急难愁盼问题、国际变局中的重大问题、党的建设面临的突出问题，作出符合中国实际和时代要求的正确回答，在“人类知识的总和”中汲取优秀思想文化资源来创新和发展党的理论，指导人类文明新形态的丰富和发展。

坚持和完善中国特色社会主义制度。我们党坚持和完善中国特色社会主义制度，不断推进国家治理体系和治理能力现代化，形成包括中国特色社会主义根本制度、基本制度、重要制度等在内的一整套制度体系，为中国式现代化、人类文明新形态稳步前行提供坚强制度保证。不断丰富和发展人类文明新形态，需要深刻洞察世界发展大势，准确把握人民群众的共同愿望，深入探索经济社会发展规律，突出坚持和完善支撑中国特色社会主义制度的根本制度、基本制度、重要制度，着力固根基、扬优势、补短板、强弱项，构建系统完备、科学规范、运行有效的制度体系，为人类对更好社会制度的探索提供中国方案。

坚持中国特色社会主义文化发展道路。我们党坚持和发展中国特色社会主义文化，激发全民族文化创新创造活力，为推进中国式现代化、发展人类文明新形态提供强大精神力量。不断丰富和发展人类文明新形态，要坚持中国特色社会主义文化发展道路，深刻认识中华文明具有突出的连续性、创新性、统一性、包容性、和平性，坚定文化自信，增强文化自觉，秉持开放包容，坚持守正创新，围绕举旗帜、聚民心、育新人、兴文化、展形象建设社会主义文化强国，发展面向现代化、面向世界、面向未来的，民族的科学的大众的社会主义文化，建设中华民族现代文明。

人类文明新形态是党领导人民历尽艰辛探索创造的。作为中国特色社会主义最本质的特征，党的领导直接关系中国式现代化和人类文明新形态的根本方向、前途命运、最终成败。加强和改善党的领导，充分发挥党总揽全局、协调各方的领导核心作用，才能推动中国特色社会主义事业不断向前发展，确保中国式现代化锚定奋斗目标行稳致远，不断丰富和发展人类文明新形态，为人类文明进步作出新的更大贡献。

（《人民日报》2023 年 8 月 25 日第 9 版）

链接阅读

建设中华民族现代文明的行动指南

中共中国社会科学院党组

文化关乎国本、国运。习近平总书记在文化传承发展座谈会上的重要讲话，聚焦推进中国特色社会主义文化建设、建设中华民族现代文明这个重大问题，进行了全方位、深层次阐述，提出了一系列新思想新观点新论断，发出了担负起新的文化使命、努力建设中华民族现代文明的时代最强音。这在中华文明发展史、马克思主义文化理论发展史上都具有里程碑意义，为我们在新的起点上继续推动文化繁荣、建设文化强国、建设中华民族现代文明提供了行动指南。

闪耀着马克思主义真理光芒、充盈着中华文化独特气韵的光辉文献

习近平总书记在文化传承发展座谈会上的重要讲话，站在中华民

族伟大复兴和中华文明永续传承的战略高度，贯通历史、现实和未来，融通中国与世界，深刻把握历史发展逻辑和文化建设规律，系统回答了有关文化传承发展的一系列重大理论和现实问题，具有很强的政治性、思想性、战略性、指导性，是一篇闪耀着马克思主义真理光芒、充盈着中华文化独特气韵的光辉文献。

习近平总书记的重要讲话凝练概括了中华文明的突出特性，深刻阐明了“两个结合”特别是“第二个结合”的重大意义，鲜明提出了更好担负起新的文化使命的重要要求，对建设中华民族现代文明进行了战略部署，是新时代党领导文化建设实践经验的理论总结，是我们党强烈文化担当和高度文化自信的集中体现，是推进文化传承发展和繁荣兴盛的根本指针，是建设中华民族现代文明和社会主义文化强国的行动指南。

习近平总书记的重要讲话充分体现了对中华文明和中国历史文化的科学认识和深厚情感，充分彰显了中国共产党人的历史自觉和文化自信，凝结着马克思主义的真理力量，蕴含着深厚的思想智慧、丰富的理论内涵和重大的方向指引，充分表明我们党对中华文明发展规律的认识和把握达到了新的高度，为推进文化理论创新、深化历史文化研究、建设中华民族现代文明提供了根本遵循。

深刻把握中华文明的突出特性，夯实中华民族现代文明的历史基础

习近平总书记指出："只有全面深入了解中华文明的历史，才能更有效地推动中华优秀传统文化创造性转化、创新性发展，更有力地推进中国特色社会主义文化建设，建设中华民族现代文明。"这为我们深入把握中华文明的历史根脉，在新的历史起点上续写中华文明新的篇章提供了重要遵循。

中国文化源远流长，中华文明博大精深。我国具有百万年的人类史、一万年的文化史、五千多年的文明史。中华文明是世界上唯一绵延不断并以国家形态发展至今的伟大文明，中华优秀传统文化是中华民族生生不息、长盛不衰的文化基因，也是我们在世界文化激荡中站稳脚跟的根基。习近平总书记以科学缜密的历史思维和宏阔深邃的世界眼光，从中华优秀传统文化的内在机理和重要元素中，全面系统深刻揭示出中华文明具有突出的连续性、突出的创新性、突出的统一性、突出的包容性、突出的和平性。这五个突出特性是对中国历史的深刻总结，科学揭示了中华文明深厚的历史底蕴，深刻阐明了中华民族的文化基因所在、精神命脉所系、价值追求所向，是我们理解中华文明的指路明灯。

中华文明的突出特性，决定我们独特的发展道路和历史命运。习近平总书记指出："如果没有中华五千年文明，哪里有什么中国特

色？如果不是中国特色，哪有我们今天这么成功的中国特色社会主义道路？”只有全面深入了解中华五千多年文明史，深刻把握中华文明突出的连续性、创新性、统一性、包容性、和平性，才能真正理解中国道路的历史必然性、文化内涵与独特优势，才能更有效地推动中华优秀传统文化创造性转化、创新性发展，更有力地推进中国特色社会主义文化建设，建设中华民族现代文明。

不忘本来，才能开辟未来。我们要全面客观地认识中华优秀传统文化，就要正确认识中国共产党人精神谱系与中华优秀传统文化之间的内在联系。要把红色文化与中华优秀传统文化更加有机地结合起来、融合起来，在传承中华优秀传统文化中更好地赓续红色血脉。要坚持面向未来，坚持以科学态度对待传统文化，不割裂历史、不僵化保守，始终走在时代进步的最前沿，立破并举，在延续历史中开创未来。

深刻理解“两个结合”的重大意义，
牢牢把握建设中华民族现代文明的根本遵循

旗帜决定方向，道路决定命运。中国特色社会主义是科学社会主义理论逻辑和中国社会发展历史逻辑的辩证统一，植根于中国大地和中华文化沃土、反映中国人民意愿、适应中国和时代发展进步要求。习近平总书记指出：“在五千多年中华文明深厚基础上开辟和发展中国特色社会主义，把马克思主义基本原理同中国具体实际、同中华优秀传统文化相结合是必由之路。这是我们在探索中国特色社会主义道路

中得出的规律性的认识，是我们取得成功的最大法宝。”中国共产党人用马克思主义真理的力量激活了中华民族历经几千年创造的伟大文明，使中华文明再次迸发出强大精神力量。“两个结合”揭示了建设中华民族现代文明的源头活水，指明了建设中华民族现代文明的前进方向。

中国特色社会主义植根于中华文化沃土，深受中华优秀传统文化的滋养，中华优秀传统文化是我们党创新理论的“根”。习近平总书记系统阐述了“两个结合”的丰富内涵和重大意义，指出：“马克思主义和中华优秀传统文化来源不同，但彼此存在高度的契合性。”“结合”的前提是彼此契合，相互契合才能有机结合。中国共产党人既是马克思主义的坚定信仰者和践行者，又是中华优秀传统文化的忠实继承者和弘扬者，对马克思主义和中华优秀传统文化的高度契合性有着深刻体认。“结合”的结果是互相成就，造就了一个有机统一的新的文化生命体，让马克思主义成为中国的，中华优秀传统文化成为现代的，让经由“结合”而形成的新文化成为中国式现代化的文化形态。“结合”筑牢了道路根基，让中国特色社会主义道路有了更加宏阔深远的历史纵深，拓展了中国特色社会主义道路的文化根基。中国式现代化赋予中华文明以现代力量，中华文明赋予中国式现代化以深厚底蕴。“结合”打开了创新空间，让我们掌握了思想和文化主动，并有力地作用于道路、理论和制度。更重要的是，“第二个结合”是又一次的思想解放，让我们能够在更广阔的文化空间中，充分运用中华优秀传统文化的宝贵资源，探索面向未来的理论和制度创新。

习近平总书记关于“结合”特别是“第二个结合”的深刻阐述，进一步巩固了我们的文化主体性，增强了我们建设中华民族现代文明的坚定性和自觉性。文化自信来自文化主体性。有了文化主体性，就有了文化意义上坚定的自我，中国共产党就有了引领时代的强大文化力量，中华民族和中国人民就有了国家认同的坚实文化基础。习近平新时代中国特色社会主义思想实现了马克思主义中国化时代化新的飞跃，是中华文化和中国精神的时代精华，是“两个结合”的光辉典范，是党和人民奋进新征程的行动指南，也是创造属于我们这个时代的新文化的根本遵循。建设中华民族现代文明，最根本、最重要的就是坚持以习近平新时代中国特色社会主义思想为指导，沿着习近平总书记指引的文化方向，推动文化繁荣、建设文化强国。

更好担负起新的文化使命，
奋发有为建设中华民族现代文明

中国共产党自成立之日起就把建设民族的科学的大众的中华民族新文化作为自己的使命，积极推动文化建设和文艺繁荣发展。新民主主义革命时期，我们党提出“把一个被旧文化统治因而愚昧落后的中国，变为一个被新文化统治因而文明先进的中国”，领导人民建设民族的科学的大众的新民主主义文化。社会主义革命和建设时期，我们党组织大规模的经济建设和文化建设，提出“百花齐放、百家争鸣”，大力建设社会主义文化。改革开放和社会主义现代化建

设新时期，我们党重视文化建设，提出在建设高度物质文明的同时，努力建设高度的社会主义精神文明，发展面向现代化、面向世界、面向未来的，民族的科学的大众的社会主义文化。

党的十八大以来，以习近平同志为核心的党中央统筹中华民族伟大复兴战略全局和世界百年未有之大变局，在领导党和人民坚持和发展新时代中国特色社会主义的伟大实践中，把文化建设摆在全局工作的重要位置，不断深化对文化建设的规律性认识，提出一系列新思想新观点新论断，涵盖了文化建设的各领域和全过程，既有整体性的原则遵循又有各个领域的重要任务，既有全局性的战略部署又有各个方面的重大举措，是新时代党领导文化建设实践经验的理论总结，为丰富和发展马克思主义文化理论作出了原创性贡献，为建设中华民族现代文明提供了根本遵循。习近平总书记在文化传承发展座谈会上的重要讲话中提出了一系列新思想新观点新论断，进一步丰富和发展了我们党关于文化建设的思想。比如，明确提出“如果不从源远流长的历史连续性来认识中国，就不可能理解古代中国，也不可能理解现代中国，更不可能理解未来中国”；明确提出“在五千多年中华文明深厚基础上开辟和发展中国特色社会主义，把马克思主义基本原理同中国具体实际、同中华优秀传统文化相结合是必由之路”；明确提出“‘结合’的结果是互相成就”“让马克思主义成为中国的，中华优秀传统文化成为现代的，让经由‘结合’而形成的新文化成为中国式现代化的文化形态”；明确提出“‘结合’巩固了文化主体性，创立新时代中国特色社会主义思想就是这一文化主体性的最有力体现”；明确提出“新的文化使命”，强调“在新的起点上继续推动文化繁荣、建设文化强国、建设中华民族现代文明，是我们在新时代新的文化使命”；等等。这些新思想新观点新论断，充分体现了习近平总书记的高远战略考量、宏阔历史视野、高度文化自觉，为我们担负起新的文化使命、建设中华民族现代文明指明了前进方向、提供了根本遵循。

党领导人民一百多年的伟大奋斗是强国复兴的历史进程，也是文明转型的艰辛探索，不仅取得了革命、建设、改革的伟大胜利，从根本上改变了中国人民被欺负、被压迫、被奴役的命运，而且成功走出中国式现代化道路，持续推进中华民族现代文明建设，深刻影响着世界历史进程。我们所建设的中华民族现代文明，是中国共产党领导的社会主义文明，是植根中华优秀传统文化、具有中华文化主体性的文明，是借鉴吸收人类一切优秀文明成果的文明。这种新型文明既遵循人类文明发展的普遍规律，又具有鲜明的民族特色和时代特征，体现科学社会主义先进本质，代表人类文明进步的发展方向。

文化是一个国家、一个民族的灵魂。习近平总书记强调：“在新的历史起点上继续推动文化繁荣、建设文化强国、建设中华民族现代文明，要坚定文化自信，坚持走自己的路，立足中华民族伟大历史实践和当代实践，用中国道理总结好中国经验，把中国经验提升为中国理论，实现精神上的独立自主。要秉持开放包容，坚持马克思主义中国化时代化，传承发展中华优秀传统文化，促进外来文化本土化，不断培育和创造新时代中国特色社会主义文化。要坚持守正创新，以守正创新的正气和锐气，赓续历史文脉、谱写当代华章。”不忘本来才能开辟未来，开放包容才能永葆生机。我们要从中华优秀传统文化中汲取营养，从与其他文明交流互鉴中获得启发，为建设中华民族现代文明汇聚起磅礴力量。

铭记嘱托、发挥优势，
为建设中华民族现代文明贡献智慧和力量

“文明以止，人文也。观乎天文，以察时变；观乎人文，以化成天下。”国家之魂，文以化之，文以铸之。为建设中华民族现代文明服务，是当前哲学社会科学界最重要的使命和任务。我们要站在推进中华民族现代文明建设的高度，全力加强中华民族现代文明研究，积极构建中国特色哲学社会科学，把历史责任和时代使命牢记心中、扛在肩上。

我们要深入学习领会、全面贯彻落实习近平总书记在文化传承发展座谈会上的重要讲话精神，更加深刻领悟“两个确立”的决定性意义，增强“四个意识”、坚定“四个自信”、做到“两个维护”，更好担负起新的文化使命，努力在建设中华民族现代文明方面取得实效。要自觉主动服务中华民族现代文明建设大局，既要推出具有较高学术水平的基础研究成果，更要推出对建设中华民族现代文明有重要参考、借鉴价值的应用对策成果，还要推出一批有说服力、有影响力的宣传阐释成果。要更加自觉地把建构中国自主的知识体系的重任肩负起来，推动中华民族现代文明研究知识创新、理论创新和方法创新，积极构建文化传承发展研究的学术范式。要加快构建中国话语和中国叙事体

系，深化国际传播理论研究，创新国际传播方式方法，提高塑造国家形象、影响国际舆论的文化能力。要高度重视文明文化研究人才培养，努力建设一支政治可靠、学识深厚、贯通古今、融通中外的优秀中青年文明文化研究人才队伍。

使命光荣神圣，责任重如泰山。今天，赓续中华文明、推进中国特色社会主义文化建设开启了新的时代征程。我们要更加紧密地团结在以习近平同志为核心的党中央周围，切实把思想和行动统一到习近平总书记重要讲话精神上来，按照习近平总书记和党中央的要求办好中国社会科学院，为建设中华民族现代文明贡献自己的智慧和力量。

（《人民日报》2023 年 6 月 14 日第 9 版）

促进人类文明进步的中国方案

林松添

习近平总书记在文化传承发展座谈会上深刻阐明了中华文明的突出特性，其中包括突出的包容性、突出的和平性。习近平总书记在中国共产党与世界政党高层对话会上提出的全球文明倡议，深刻回答了在各国前途命运紧密相连的今天，不同文明如何相处、人类文明向何处去等重大问题，为推动世界现代化进程、促进人类文明进步提供了中国方案。全球文明倡议彰显中国共产党坚持胸怀天下的责任担当，彰显中华文明突出的包容性和突出的和平性，顺应各国人民加强团结协作、携手应对共同挑战的愿望，为开创世界各国人文交流、文化交融、民心相通新局面注入信心和动力。

深刻理解全球文明倡议的时代价值和历史意义

党的十八大以来，习近平总书记科学把握国内外大势，统筹中华民族伟大复兴战略全局和世界百年未有之大变局，提出一系列具有开创性、全局性的新理念新思想新战略，指引中国特色大国外交破浪前行，同时也开辟了当今世界国际关系理论创新的新境界。全球文明倡议是继共建“一带一路”倡议、全球发展倡议、全球安全倡议之后，习近平总书记提出的又一重大倡议，丰富了推动构建人类命运共同体的理论支撑和实现路径，具有重要的时代价值和历史意义。

全球文明倡议着眼应对全人类共同挑战，具有强大引领力。当今世界，百年变局加速演进，多重挑战和危机叠加，冷战思维阴霾不散，有的国家炒作地缘政治，煽动意识形态对立和阵营对抗，“文明优越论”“文明冲突论”沉渣泛起，严重危及世界和平稳定与发展进步，人类社会面临各种风险挑战。习近平总书记强调：“应对共同挑战、迈向美好未来，既需要经济科技力量，也需要文化文明力量。”不同文明交流互鉴，有利于增进各国相互理解、相互尊重、相互信任，促进民相亲、心相通，为团结协作奠定基础。全球文明倡议直面人类文明发展进程中的挑战和问题，对于减少冲突和对抗、促进不同文明交流合作、凝聚应对共同挑战的合力具有重大意义。

全球文明倡议汲取中华优秀传统文化智慧，具有强大感召力。中华优秀传统文化始终绵延相承，积淀着中华民族最深层的精神追求，代表着中华民族最独特的精神标识，为中华民族生生不息、发展壮大提供了丰厚滋养。全球文明倡议生动体现中国共产党人坚持胸怀天下的世界观和方法论，传承中华民族热爱和平、追求和谐的血脉基因，传承中华优秀传统文化中和而不同、和衷共济、美美与共、天下大同等思想理念和社会理想。全球文明倡议是我们党坚持把马克思主义基本原理同中国具体实际相结合、同中华优秀传统文化相结合的理论创新成果，符合和平、发展、合作、共赢的时代潮流，彰显中国立场、中国智慧、中国价值，引发国际社会强烈共鸣。

全球文明倡议立足中国发展实践，具有强大影响力。在中国共产党坚强领导下，中国走出中国式现代化道路，用几十年时间走完发达国家几百年走过的工业化历程，创造了人类文明新形态。中国式现代化的成功实践，打破了“现代化＝西方化”的迷思，有力表明通往现代化的道路不止一条，人类文明是多样的、多彩的，各国能够基于自身文明传承和实际国情走出各具特色的现代化之路。中国式现代化既基于自身国情又借鉴各国经验，既造福中国人民又促进世界各国共同发展。作为人类文明新形态，中国式现代化与全球其他文明相互借鉴，共同绘就百花齐放的人类社会现代化新图景。在总结中国式现代化建设实践经验基础上提出的全球文明倡议，具有强大公信力、影响力。

深入把握全球文明倡议的丰富内涵

全球文明倡议的四个“共同倡导”，即共同倡导尊重世界文明多样性、共同倡导弘扬全人类共同价值、共同倡导重视文明传承和创新、共同倡导加强国际人文交流合作，深刻揭示人类文明发展规律，体现文明的多样性、共通性、发展性等特征，构成这一倡议的主要内涵。

尊重世界文明多样性，是践行全球文明倡议的首要前提。习近平总书记强调：“每一种文明都扎根于自己的生存土壤，凝聚着一个国家、一个民族的非凡智慧和精神追求，都有自己存在的价值。”文明各有差异，但没有高低优劣之别，更不能唯我独尊，而应多样共存。任何文明都不应用自己的尺度去衡量其他文明，任何试图用强制性手段来解决文明差异的做法都会给世界文明带来灾难性后果。承认文明多样性而予以尊重，是文明交流互鉴的基础。全球文明倡议主张坚持文明平等、互鉴、对话、包容，尊重不同文明的独特性、合理性，求同存异，寻求理念契合点、利益交汇点，促进不同文明相互学习和理解，破除隔阂和偏见、消除恐惧和冲突。

弘扬全人类共同价值，是践行全球文明倡议的基本立场。习近平总书记指出：“各国历史、文化、制度、发展水平不尽相同，但各国人民都追求和平、发展、公平、正义、民主、自由的全人类共同价值。”全人类共同价值超越意识形态、社会制度和发展水平差异，反映世界各国人民价值理念的最大公约数，回应各国人民的普遍期待和诉求，为世界实现持久和平、共同繁荣提供了价值纽带。全球文明倡议主张各国弘扬全人类共同价值，共同走和平发展道路，理解不同文明对价值内涵的认识，不把自己的价值观和模式强加于人。践行真正的多边主义，反对霸权主义、单边主义和强权政治，摒弃“文明优越论”“文明冲突论”，反对以民主、自由、人权之名干涉别国内政。

重视文明传承与创新，是践行全球文明倡议的重要遵循。习近平总书记强调：“文明永续发展，既需要薪火相传、代代守护，更需要顺时应势、推陈出新。”任何一种文明都要与时偕行，不断吸纳时代精华。如果长期自我封闭、因循守旧，必将走向衰落。全球文明倡议倡导重视文明传承与创新，为人类文明永续发展指明方向。要用创新增添文明发展动力、激活文明进步的源头活水，对优秀传统文化进行创造性转化、创新性发展，善于从延续民族文化血脉中吐故纳新，善于以其他文明之优长启发自己的思维，不断创造出跨越时空、富有永恒魅力的文明成果。

加强国际人文交流合作，是践行全球文明倡议的重要途径。习近平总书记指出:“交流互鉴是文明发展的本质要求。”文明因交流而多彩、因互鉴而丰富，文明交流互鉴是推动人类文明进步和世界和平发展的重要动力。人是文明交流互鉴最好的载体。深化人文交流互鉴是消除隔阂与误解、促进民心相通的重要途径。要坚持以促进文明互鉴和民心相通为目的，加强国际人文交流合作，构建全球文明对话合作网络，丰富交流内容，拓展合作渠道，架起人与人之间情感沟通的桥梁，拉紧国与国之间加深理解和信任的纽带，共同建设一个开放包容的世界。

为推进文明交流互鉴贡献力量

国之交在于民相亲，民相亲在于心相通。习近平总书记指出:“我们必须大力加强文明交流互鉴，而民间外交则是推进文明交流互鉴最深厚的力量。”目前，中国已经与 182 个国家建立了外交关系，同 140 多个国家建立了 2900 多对友好城市，朋友圈不断扩大。要更好推进民间外交、城市外交、公共外交，多领域、多渠道、多层次开展民间对外友好交流，促进文明交流互鉴，促进中外人民相知相亲，为践行全球文明倡议作出应有贡献。

充分发挥民间外交作用，为践行全球文明倡议凝聚共识和力量。民间外交是国家总体外交的重要组成部分，具有主体多、领域广、资源丰、接地气等优势，对夯实中外友好的民意和社会基础具有重要作用。要更好推进民间外交，开拓更多交流渠道、创建更多合作平台，广泛调动中外资源，通过推动跨国界、跨时空、跨文明的交流互鉴活动，促进各国人民相互了解、相互理解、相互支持、相互帮助，推动各国人民充分认识文明互鉴、团结协作对人类的意义，凝聚践行全球文明倡议的共识和力量。

积极发挥城市外交作用，推动全球文明倡议落地见效、惠及人民。习近平总书记强调："要大力开展中国国际友好城市工作，促进中外地方政府交流，推动实现资源共享、优势互补、合作共赢。"城市是我国开展民间对外友好交流的重要窗口和载体。要充分发挥国际友城作为国家关系落地见效承载地的作用，做强同主要大国、周边国家的国际友城人文交流平台，拓展同新兴市场和发展中国家的友城结好，深化文化、教育、卫生、媒体、青少年等领域友好交流合作，发挥我国数字经济、低碳环保、智慧城市等优势领域引领作用。广泛调动地方和民间资源，坚持以情感人、以理服人、以文载道，增强我国国际友城人文交流的影响力和感召力，让全球文明倡议给各国人民带来实实在在福祉。

充分发挥公共外交作用，增进国际社会对我国发展的理解和支持。

公共外交能够促进中国与世界的相互认知，深化中国同世界的关系，推动中国与世界的良性互动和共同发展。要广泛参加国际非政府组织的活动，增进了解、深化友谊，传播好中国声音，讲好中国故事，增进国际社会对我国发展成就、发展道路、政治制度、价值理念等的认知和理解。在巩固优化现有双多边文明对话合作机制基础上构建新平台新机制，充分运用新媒体平台和形式积极发声、巧妙发声，不断丰富文明交流内涵和途径，积极维护和营造良好国际舆论环境，更好服务中国式现代化建设。

全球文明倡议是中国提供的又一国际公共产品，守护的是人类文明发展的美好未来。我们要坚定站在历史正确的一边、站在人类文明进步的一边，同国际社会一道共同践行全球文明倡议，深化文明交流互鉴，增进相互理解，推动构建人类命运共同体，让世界文明百花园姹紫嫣红、生机盎然。

（《人民日报》2023年6月21日第9版）